LES COUPS D'ÉTAT

HISTOIRE ET THÉORIE

18 Brumaire — 1830 — 2 Décembre

PAR

O. MONPROFIT

Nul ne peut exercer, par des moyens honnètes, un pouvoir conquis par le crime.

TACITE.

PARIS

GEORGES CARRÉ, ÉDITEUR

112, Boulevard Saint-Germain, 112

1887

LES

COUPS D'ÉTAT

LES
COUPS D'ÉTAT

HISTOIRE ET THÉORIE

18 Brumaire — 1830 — *2 Décembre*

PAR

O. MONPROFIT

> Nul ne peut exercer, par des
> moyens honnêtes, un pouvoir
> conquis par le crime.
>
> Tacite.

PARIS

GEORGES CARRÉ, ÉDITEUR

112, Boulevard Saint-Germain, 112

1887

Cette étude sur les Coups d'État était noyée dans l'ensemble d'un ouvrage auquel j'ai consacré déjà bien des années et qui restera peut-être longtemps encore sur le métier : *La liberté dans l'État*. Elle en était, pour ainsi dire, la partie historique. Je me suis décidé à la détacher parce qu'elle forme un tout et contient des enseignements que je ne crois pas inutiles, même à notre époque de foi et de sécurité dans la République.

Assurément on m'accuserait d'être d'un pessimisme exagéré ou de me livrer à une sinistre plaisanterie si je disais qu'un coup d'État est proche. Mais est-il besoin que le danger soit immédiat pour le prévenir ?

Le but de cette étude est de faire toucher du doigt, par chacun, les causes, les moyens d'exécution, les conséquences des coups d'État, d'en établir les caractères, et après cette œuvre d'analyse historique où le document joue un grand rôle, de préciser, en quelques pages, les devoirs de la Démocratie pour empêcher qu'il ne se commette désormais de pareils crimes.

Paris, novembre 1886.

O. MONPROFIT.

LIVRE PREMIER

THÉORIE DES COUPS D'ÉTAT

LIVRE PREMIER

THÉORIE DES COUPS D'ÉTAT

I

COUP D'ÉTAT ET RÉVOLUTION

En histoire, comme en politique, les dénominations usitées répondent rarement d'une façon exacte aux faits auxquels elles s'appliquent. Les mots ne correspondent pas à l'idée voulue. L'expression « coup d'État » est comme beaucoup d'autres un terme de convention historique.

On a appliqué une première fois le mot coup d'État à un fait, isolé, de violence de la part du pouvoir, de l'État, et, ensuite, par généralisation, à tous les actes de même nature. Littéralement, en effet, « coup d'État » veut dire : acte de violence commis par l'État. Mais si on appliquait l'expression à tous les actes de violence commis par l'État, l'histoire ne serait qu'une série non interrompue de « coups d'État ».

La convention historique a restreint le sens de l'expression et elle ne l'applique qu'à des faits plus particulièrement caractérisés, qui ont eu, sur la vie des nations, une action immédiate et décisive.

Il importe, tout d'abord, d'établir une distinction très nette entre les coups d'État et la Révolution (1).

Le mot Révolution a, lui aussi, un sens fixé par la convention historique. Le propre d'une révolution, ce qui la caractérise, c'est qu'elle est l'œuvre non d'un individu, mais d'une réunion d'individus. Elle part d'en bas, c'est-à-dire du peuple, de la nation, ou tout au moins d'une coalition comprenant diverses fractions de la nation. Elle a pour but immédiat la destruction d'un ordre de

---

1. *Le Français* ayant écrit que c'était le parti républicain qui avait inauguré les coups d'État dans la journée du 18 Fructidor, Gabriel Guillemot répondit : « Il y a assez longtemps que ça se dit, ça ; il faut en finir avec cette rengaine qui est une bourde et un mensonge !

« La vérité est qu'en France, l'exemple des coups d'État contre les Assemblées est venu de la *monarchie*. Le premier coup d'État contre les Assemblées françaises est *un coup d'État monarchique*.

« Le 23 juin 1789, quand, après la séance royale, les députés de la Nation étant restés dans la salle des délibérations, M. de Dreux-Brézé s'en vint de la part du monarque signifier à ces députés d'avoir à vider les lieux, n'était-ce pas là un coup d'État parfaitement qualifié, que la monarchie tentait contre l'Assemblée nationale ?...

« Et s'il échoua, ce coup d'État, devant l'énergie de Mirabeau et de ses collègues du tiers, le coup d'État n'en doit-il pas moins être porté au compte de la monarchie ?

« Le 18 Brumaire, que vous dites procéder du 18 Fructidor, n'est-il pas plutôt la copie de ce coup d'État monarchique du 23 juin, copie exécutée par un Dreux-Brézé militaire qui sait que Mirabeau n'est plus là pour lancer la foudre et qui, d'ailleurs, a pris la précaution de se faire escorter par *les baïonnettes*, seul argument auquel le grand orateur avait déclaré vouloir se soumettre ? »

choses oppresseur, et la restitution, au moins momen-
tanée, des droits primordiaux de la généralité des
citoyens. Elle est un soulèvement contre une tyrannie, une
revendication. Elle est souvent spontanée, et, œuvre
anonyme, elle ne sait jamais où elle va. Elle sait ce
qu'elle veut renverser, sans se soucier de l'avenir. Elle
laisse à l'inconnu une part considérable dans le résultat.
Elle ne se préoccupe pas non plus, à l'avance, des moyens;
commencée le matin, souvent sans préparation, amenée
en quelque sorte par la force même des événements,
elle ne suit point une marche déterminée et s'accomplit,
inconsciemment, au gré des événements qui se succè-
dent de minute en minute. Enfin elle procède toujours
honnêtement et sait désavouer et châtier les excès insé-
parables de pareils mouvements.

L'amélioration du sort du peuple est le but unique des
révolutions. « Toute révolution, a dit Robespierre, qui
n'a pas pour objet immédiat l'amélioration du peuple,
n'est qu'un crime succédant à un autre crime. »

Le droit du peuple à se ressaisir est inaliénable. « Le
soulèvement de toute une nation, dit A. Sidney, contre
ses magistrats, ne peut pas, avec justice, être appelé rébellion, et la rébellion n'est pas toujours mauvaise (1)...»

1. A. Sidney, sect. XXXVI. — « Quoiqu'un chacun des membres
de la société en particulier soit obligé d'obéir aux ordres du magistrat, il ne s'ensuit pas que tout le corps du peuple soit dans la
même obligation ; car le magistrat est établi par le peuple et pour
le peuple, au lieu que le peuple ne subsiste pas par lui, ni pour
lui. La loi générale est le fondement et la règle de l'obéissance
que chaque particulier doit lui rendre ; et cette loi, ne se propo-
sant que le bonheur du peuple, ne peut pas préférer l'intérêt

« Non, non ! s'écrie Hubert Languet, il n'y a pas d
prescription contre le peuple, le temps ajoute aux tort
des rois et n'ôte rien aux droits du peuple (1). »

L'axiome : *Cujus est instituere ejus est abrogar*
(à celui qui donne l'investiture, il appartient de révoquer
résume toute la doctrine du droit populaire.

La révolution est donc l'œuvre de tout un peuple qu
s'insurge au nom du droit et de la justice. L'unité d'ac
tion résulte seulement de l'identité des sentiments qu'
poussent les citoyens à agir. C'est le nombre de ces
citoyens, réunis dans un but unique, qui fait la grandeur même de l'événement, qui en constitue la moralité. C'est là ce qui le rend légitime et sacré (2).

d'une personne ou d'un petit nombre de personnes à celui du
public. Toute nation ne peut donc être obligée d'obéir qu'en tant
qu'elle juge que son obéissance peut compatir avec le bien
public ; et n'ayant jamais été subjuguée par les magistrats, ni
contrainte de faire la paix avec eux à de certaines conditions, on
ne peut pas dire qu'elle se révolte contre eux, quoiqu'elle ne leur
doit que ce qu'elle juge elle-même à propos de leur rendre et
qu'originairement ces magistrats ne sont pas plus que les autres
membres de la société.....

« ..... Si la patience d'un peuple conquis peut avoir des bornes,
et si des gens qui n'ont pas voulu se laisser opprimer par ceux
qui leur avaient donné la vie qu'ils pouvaient leur ôter, ont mérité
des louanges et des récompenses de leurs conquéreurs, il faudrait
être fou pour s'imaginer qu'aucune nation soit obligée de souffrir
tout ce qu'il plaît à ses magistrats de lui faire souffrir. »

1. Hubert Languet. *Vindictæ contra Tyrannos (Junius Brutus)*.
Dans un autre passage, nous relevons cette phrase : « Les rois ne
sont que les dépositaires de la loi. Lorsqu'ils ne l'observent plus,
le contrat est rompu et le peuple doit leur refuser l'obéissance. »

2. Bossuet a dit : « Il n'y a pas de droit contre le droit. »

II

LES THÉORICIENS DES COUPS D'ÉTAT

Les caractères des coups d'Etat sont tout autres.

Si nous voulons les établir d'une façon nette, il nous suffit de nous reporter aux auteurs qui ont traité, et minutieusement traité la question. Car les coups d'Etat ont eu leurs théoriciens : Machiavel, Charron, Fra Paolo Sarpi, Amyot (glose de Plutarque), et surtout Gabriel Naudé (1) nous ont laissé sur ce sujet de longues et savantes dissertations.

1. Gabriel Naudé a écrit des considérations politiques sur les coups d'État. Voici la préface de ce livre : « Ce livre n'a pas été composé pour plaire à tout le monde. Si l'Autheur en eust eu le dessein ne l'aurait pas écrit du stile de Montagne et de Charon, dont il sçait bien que beaucoup de personnes se rebuttent, à cause du grand nombre de citations latines. Mais comme il s'est mis à le faire que par obéissance, il a été obligé de coucher sur le papier les mêmes discours, et de rapporter les mêmes autorités dont ils se sont servis, en parlant à Son Éminence. Aussi, n'est-ce pas pour rendre cet ouvrage public qu'il a été mis sous la presse ; elle n'a roulé que par le commandement et pour la satisfaction de ce prélat, qui n'a ses lectures agréables que dans les facilités des livres imprimés. Et qui, pour cette cause, a voulu faire tirer une douzaine d'exemplaires de celui-ci, au lieu des copies manuscrites qu'il en faudrait faire. Je sçay bien que ce nombre est trop petit pour permettre que ce livre soit vû d'autant de personnes que le prince de Balzac et le ministre Sillion. Mais comme les choses qu'il traite sont beaucoup plus importantes, il est aussi fort à propos

Ces théoriciens se placent au point de vue du prince et non au point de vue du peuple. Leurs raisonnements ont pour but de justifier les actes du roi et leur unique raison est tirée du mot de Cicéron : « *Salus populi suprema lex !* » Mot terrible qui permet de tout légitimer.

On se tromperait toutefois si l'on croyait que Machiavel, qui « déclare qu'un prince n'est jamais en sûreté sur un trône tant que ceux qui en ont été dépossédés vivent encore », et qui dit ailleurs : « Un prince prudent ne peut ni ne doit tenir sa parole que lorsqu'il le peut sans se faire tort et que les circonstances dans lesquelles il a contracté engagements subsistent encore », on se tromperait, dis-je, si on croyait que Machiavel (1) enseigne uniquement à régner par la ruse, la force et la violence. Souvent dans son livre il affirme « qu'il vaut mieux gouverner par la vertu que par la scélératesse et qu'une domination acquise par des moyens légaux a moins de chance qu'une autre d'être renversée par un coup de main. »

Gabriel Naudé, qui s'excuse dans la préface de son curieux livre d'avoir écrit ses *Considérations politiques sur les coups d'Etat* pour le cardinal Baqui, trouve, lui, que les princes doivent toujours être prêts à agir, dans

qu'elles ne soient pas si communes. Et en un mot l'autheur n'a eu autre but que la satisfaction de Son Éminence, tant pour composer que pour publier cet ouvrage. »

1. Machiavel est le seul homme qui ait eu le courage de dire : « Le prince est là parce qu'il est là. Il doit défendre son pouvoir, et pour défendre son pouvoir il ne doit reculer devant aucun moyen. » *Le Prince,* passim.

le sens du pouvoir qu'ils ont entre les mains, et c'est par
là qu'il entend justifier les coups d'Etat.

« La première règle des coups d'Etat, dit Charron,
Livre de la sagesse, c'est pour s'en servir avec justice,
honneur et utilité, comme défensive et non comme offen-
sive, à se conserver et non à s'agrandir, à se préserver
des tromperies, méchancetés et entreprises dommagea-
bles, et non à en faire. »

« Les lois nous pardonnent les délits que la force nous
oblige à commettre. »

On voit la tendance. La thèse étant difficile à soutenir,
on cherche à l'étayer de toute façon.

« Les occasions qui nécesssitent les coups d'État, dit
Gabriel Naudé, sont d'abord lors de l'érection des monar-
chies, empires et principautés où l'on fait intervenir les
religions et les supercheries. »

Le coup d'État est donc un acte de violence, commis
par un homme ayant le pouvoir, ou tout au moins une
part du pouvoir. Cet acte de violence, alors même qu'il
vise un individu ou une caste, a toujours pour résultat
l'oppréssion du peuple et la suppression de quelques-
uns de ses droits.

Charron et Gabriel Naudé ont pris soin d'établir longuement les règles à suivre pour arriver au but. Suivons
leur méthode, elle est intéressante.

« Il est besoin, c'est Naudé qui parle, de faire et dres-
ser des pratiques et intelligences secrètes, d'attirer fine-
ment les cœurs et affections des officiers, serviteurs et
confidents des autres princes et seigneurs étrangers, ou
ses propres sujets, ce que Cicéron appelle au premier

livre *De officiis* : « *Conciliare sibi animos hominum et ad usus suos adjungere.* »

La seconde règle de Charron veut qu'il y ait nécessité évidente, importante utilité publique de l'État ou du prince pour recourir à la force.

La troisième est de ne se décider qu'après un mûr examen, sans perdre, toutefois, de vue le principe de Claudien :

« *Nulla unquam de morte hominis cunctatio longa est.* » On ne doit jamais délibérer longtemps la mort d'un homme.

Naudé veut, en troisième lieu, que les coups d'État soient légitimés lorsqu'il s'agit de briser les privilèges d'une classe de la nation qui en jouit, au préjudice de tous, et qui diminuent l'autorité du prince.

C'est Naudé qui a justifié la Saint-Barthélemy et qui a écrit sur ce coup d'État cette phrase : « Il fallait imiter les chirurgiens experts qui, pendant que la veine est ouverte, tirent le sang jusqu'à défaillance. »

Charron est plus bénin, et dans sa quatrième règle il recommande que l'on choisisse toujours les moyens les plus doux : « C'est une chose triste, s'écrie-t-il, que la trop grande rigueur ! » Dans cette même règle, Naudé revient encore sur ce point que le prince peut être gêné par un autre pouvoir et il veut que le prince n'ait pas d'hésitation lorsqu'il s'agit « de ruiner quelque puissance trop grande qui s'élève dans l'Etat et que l'on ne peut abattre par les voies ordinaires. »

Dans sa cinquième et dernière règle, Charron demande que les princes ne pratiquent les coups d'Etat que ré-

duits par la nécessité et avec regret. Naudé ajoute « que
le dépositaire du pouvoir doit saisir l'occasion qui peut
se présenter de borner ou de ruiner la trop grande puissance de celui qui voudrait en abuser au préjudice de
l'Etat, ou qui, par le grand nombre de ses partisans et
la cabale de ses correspondances, s'est rendu redoutable
au souverain ». Et dans ce cas Naudé ajoute froidement :
«Voire même le dépêcher secrètement s'il le faut, pourvu
qu'il soit coupable. » C'est la justification de l'assassinat
du duc de Guise. Nous avons déjà donné l'opinion de ce
farouche théoricien sur la Saint-Barthélemy, la voici
encore plus catégoriquement exprimée : « Pour moi,
encore que la Saint-Barthélemy soit également condam-
née par les protestants et les catholiques, je ne crain-
drais pas toutefois de dire que ce fut une action très
juste et très remarquable, et dont la cause était plus
que légitime. C'est une grande lâcheté, ce me semble,
à tant d'historiens français, d'avoir abandonné la cause
du roi Charles IX. »

L'apologie est au moins franche. Sur ce terrain un seul
homme est allé aussi loin, c'est de Maistre (1). A propos

---

1. Dans *les Soirées de Saint-Pétersbourg*, J. de Maistre écrit :
« Toute grandeur, toute puissance, toute subordination repose sur
l'exécuteur..... Le glaive de la justice n'a point de fourreau. Il doit
toujours menacer ou frapper. Malheur à la nation qui abolirait les
supplices !... Le bourreau ! C'est l'être sublime ; c'est la pierre an-
gulaire de la société !... »
A propos du pouvoir, M. de Bonald est aussi catégorique que
J. de Maistre : « Le pouvoir souverain, dit de Bonald, est en Dieu.
Le pouvoir est immédiatement subordonné à Dieu. La constitution
religieuse est inhérente à l'unité de Dieu ; la constitution politique

de Naudé, Sainte-Beuve a écrit : « Il n'est plus que de la religion de Louis XI, de Philippe de Macédoine ou du vieil et perfide Ulysse ; il cite à propos Tibère. Il donne la recette de ce qu'il croit permis au besoin : assassinat, empoisonnement, massacre ; il divise et subdivise le tout avec un sang-froid inimaginable. Les conseils de modération qu'il y mêle ne font que mieux ressortir l'immoral du fond ; on croirait par moments qu'il se joue : c'est comme un chirurgien curieux qui assemble des exemples de tous les jolis cas, ou comme un chimiste amateur qui étiquette avec complaisance tous ses poisons, en inscrivant sur chacun la dose indispensable et suffisante. Ce qui se dirait à peine dans quelque hardi colloque à voix basse et dans quelque débauche de cabinet entre un Borgia et son conclaviste, il le rédige et l'écrit. »

Fra Paolo Sarpi (1) est un théoricien de la même école.

à l'unité de pouvoir. Dieu étant unique, la religion est unique et le pouvoir émanant de lui est unique... »

« Il n'y a qu'une seule constitution de société politique et une seule constitution de société religieuse, la réunion de l'une et l'accord de l'autre composent la vraie société civile. Cette unique constitution de société politique est la constitution royale pure ; cette unique constitution de société religieuse est la religion catholique. Hors de là, point de salut, même en ce monde, et nulle stabilité. Royauté patriarcale, autorité antique, voilà l'idéal, le type de tout gouvernement. L'immobilité absolue, voilà le souverain bien pour les peuples et les individus. »

1. Sous le titre : LE PRINCE DE FRA PAOLO OU CONSEILS POLITIQUES *adressés à la noblesse de Venise par le Père Paul Sarpi de l'ordre des servites, consulteur d'État, et théologien de la République de Venise, traduit de l'italien avec quelques éclaircisse-*

Il suffit, pour donner une idée de sa morale, de citer cette définition de la justice : « Nous estimons justice tout ce qui sert à la manutention de l'Etat. » Et, bien en-

ments, — il a été publié par l'abbé Mersy, en 1751, à Berlin, un manuscrit trouvé par ce dernier en Italie.

Il explique dans l'avertissement que le manuscrit qu'il eut avait pour titre : *Opinioni di Fra Paolo, servita.* Il trouva ensuite deux autres manuscrits, dont l'un était intitulé : *Ricordo di Fra Paolo (de Fra Paolo)* et l'autre *Sentimenti di Fra Paolo.* Puis il trouva à la bibliothèque de Padoue un exemplaire imprimé, avec ce titre : *Opinione Falsamente Ascritta al Padre Paolo, servita, come debba governarsi internamente et esternamente la Republica Venetiana per travere il perpetuo dominico ;* c'est-à-dire : *Opinion faussement attribuée au père Paul, Servite, touchant la manière dont se doit gouverner au dedans et au dehors la République de Venise, pour s'assurer une perpétuelle domination.* A Venise, chez Robert Meietti MDCLXXXV.

Quatre ans auparavant, le même libraire en avait publié une autre édition sous un titre fort différent :

Opinione del Padre Paolo, servita, consulto di Stato, come debba governasi internamente et esternamente la Republica di Venitia, per havers il perpetuo dominico ; per publica commissione, in Venetio appresso Roberto Meietti MDCLXXXI. Cette édition est à la bibliothèque du Roi.

On voit que, d'après cette édition, non seulement Fra Paolo en est le véritable père, mais encore qu'il la composa par l'ordre du gouvernement.

Le traducteur a été porté à croire que l'éditeur eut quelques désagréments et dut se rétracter dans la seconde édition.

L'authenticité n'est pas discutable. « Tout court qu'il est, il peut passer pour un chef-d'œuvre de politique. » (L. P. Le Courager, *Histoire du concile de Trente.* Vie de Fra Paolo.)

Le livre commence par cette phrase : « J'écris par esprit d'obéissance. »

« On voit par ces paroles, dit le traducteur dans une note, que Fra Paolo fut chargé par la seigneurie de composer cet écrit. Sa république le consulta encore sur la plus importante question

tendu, l'Etat, pour l'écrivain, c'est le prince avec le pouvoir absolu (1).

D'ailleurs, si tous les hommes d'Etat de l'ancienne monarchie ne nous ont pas laissé des ouvrages comme ceux que nous venons d'analyser, bon nombre partageaient ces façons de voir. On lit dans le testament de Richelieu : « Dans les affaires de l'Etat, il faut en de telles occasions commencer quelquefois par l'exécution. Cependant il vaut mieux se contenter des moyens innocents, tels que l'éloignement et la prison. » L'homme rouge (2) était un terrible partisan des doctrines de Naudé.

qu'on eût pu agiter dans le Sénat, à savoir de quelle manière il pensait qu'on dût régler au dedans et au dehors le gouvernement de l'Etat, pour lui assurer une perpétuelle domination » etc.

1. Un autre curieux livre de cette époque à consulter est celui qui porte ce titre : « *Les observations de diverses choses remarquées sur l'État, couronne et peuple de France, tant ancien que moderne, recueillies de plusieurs auteurs par noble homme, Regnault d'Orléans, sieur de Sence, conseiller au siège présidial de Vennes, en Bretagne* », *à Vennes, imprimerie de Jean Bourellier*, 1597.

2. Voici l'opinion de Richelieu sur le peuple : « Les gens du tiers sont présomptueux jusqu'à tel point que vouloir avoir le premier lieu, où ils ne peuvent avoir que le troisième, ce qui est tellement contre la raison et contre le bien du service du roi, qu'il est absolument nécessaire d'arrêter le cours de telles entreprises, puisque autrement la France ne serait plus ce qu'elle a été et ce qu'elle doit être, mais seulement un corps monstrueux qui, comme tel, ne pourrait avoir de substance ni de durée. »

III

CARACTÈRES ET DÉFINITION DES COUPS D'ÉTAT

Nous nous sommes arrêté longuement sur les théoriciens des coups d'Etat et non sans motif. Ce que ces écrivains du xvi° et du xvii° siècle ont, pour ainsi dire, codifié pourrait être réédité aujourd'hui par les hommes qui ont applaudi au 18 Brumaire et au Deux Décembre.

Les caractères de ces deux attentats contre les lois sont identiquement ceux que nous avons relevés. On peut les analyser et on trouvera que la méthode suivie est celle indiquée, que leur succès est dû précisément aux procédés employés.

Tout d'abord les motifs mis en avant : il s'agit de sauver la société, de combattre dans l'intérêt du peuple : *Salus populi suprema lex* (1) !

Puis l'action est conçue par un seul homme, ou du moins par un petit nombre d'hommes agissant pour un seul. L'action est décidée, et les plans sont arrêtés dans le secret le plus absolu. Le secret est la condition de succès des coups d'État : « *Ante ferit quam flamma*

1. Parmi les écrivains modernes, M. Ferrari, *Histoire de la raison d'État*, considère la raison d'État comme l'expression d'une nature occulte, inéluctable, antérieure et supérieure à toute idée de justice, contre laquelle, par conséquent, tout ce que l'on entreprendrait au nom du droit serait au fond contre le droit.

micet ». Il faut que le coup ait porté avant que la flamme brille. Le projet de la Saint-Barthélemy ne fut communiqué par la reine Catherine de Médicis qu'à son fils Charles IX, à Henri duc d'Anjou, son frère, et à Henri duc de Guise, son favori.

Le projet d'assassiner Charles, roi de Naples, qui s'était fait nommer roi de Hongrie par les grands du pays, ne fut révélé qu'à Blaise Forbach, qui fit le coup, et aux reines Elisabeth et Marie qui en attendaient le profit.

Quand Jeanne de Naples voulut faire étrangler son mari André de Hongrie, elle n'en parla qu'à Philippe, à la Catanoise qui avait été sa nourrice, et à Louis, prince de Tarente, qui était son amant. Dans l'Histoire romaine, on voit la femme de Tarquin l'ancien faire arriver au pouvoir Servius Tullius en dissimulant pendant plusieurs jours la mort de Tarquin, et ce retard suffit à Servius pour proscrire les fils d'Ancus, confisquer leurs biens et flétrir leur mémoire.

Il faut donc procéder avec rapidité et en secret : il faut aussi profiter des circonstances et des hommes que le hasard peut mettre sous la main. Il existe toujours, à la disposition des ambitieux, comme autour des détenteurs du pouvoir, une tourbe d'intrigants, hommes plus ou moins compromis et prêts à tout, « hommes perdus de dettes et de crimes ». Nous verrons à l'œuvre ces pêcheurs en eau trouble.

Je relève dans la glose d'Amyot sur Plutarque les pratiques de César; en voici quelques-unes :

« Seconde pratique, où l'on voit de belles choses en

faveur du peuple que l'on bande contre les personnes de qualité pour les faire entrehaïr, afin que, tandis qu'ils se regardent de travers, on puisse continuer la mine tout à l'aise. »

Cet axiome de gouvernement a été émis en termes plus nets : « Diviser pour régner. »

« Quatrième pratique, de se donner à force ouverte les charges honorables en courant sus à ceux qui s'y opposent. »

« Cinquième pratique, d'avancer aux dignités des garnemens pour exécuter tant plus aisément les vengeances particulières. »

« Sixième pratique, plus dangereuse que nulle des autres, à savoir de s'aguerrir et façonner les hommes à son obéissance pour combattre, puis après avec iceux toute la puissance du public. »

« Huitième pratique, où l'on voit que ceux qui veulent se faire maîtres absolus accordent quelque peu aux autres pour avoir beaucoup et finalement tout pour eux. »

« Neuvième pratique qui est d'envoyer au loin ceux qui peuvent nuire et ne laisser personne qui ait moyen de faire teste. »

Ces citations suffisent (1) pour montrer que de tous

---

1. Voici deux autres observations curieuses d'Amyot : « L'ambition est extrêmement misérable, tesmoins ces deux traits de César, agité d'une fièvre continue en l'entendement (ceci se rapporte à ce que raconte Plutarque, que César se mettait à pleurer quand il lisait les hauts faits des autres) : — « Ceux qui n'ont pas l'intention droite ne la peuvent tenir longtemps cachée : mais il

temps les moyens d'acquérir le pouvoir et de le conserver ont été les mêmes. Cela ressort mieux encore de l'exposé rapide des faits.

En résumé, on peut donc définir ainsi le coup d'État : c'est un acte de violence accompli pour le compte d'un seul individu, conçu dans l'ombre et exécuté à l'aide de tous les moyens, même les pires, et avec le concours d'agents indignes.

Quant à la moralité du coup d'État, elle est dans le succès. Les partisans du parvenu par la force n'ont pas d'autre raison à mettre en avant. « Dites, s'écriait M. de Girardin, que le coup d'État a été légitimé par le succès, c'est vrai; mais ne dites pas qu'il a été légitimé par l'anarchie : c'est faux. Il y avait, en 1851, la langueur, l'inquiétude, qui existent en 1868 après seize ans de règne. Jetez donc à la fonte ce vieux cliché emprunté à la *Patrie* et au *Constitutionnel* de 1852, cette vieille invocation à la politique du « salut social ! »

Il faut en revenir toujours là, en effet : Gabriel Naudé, Charron, Fra Paolo Sarpi, Amyot, Montesquieu lui-même qui établit (livre XXVI, chap. XXIII) « que si un homme énergique ou plusieurs citoyens résolus se livrent à des actes d'où résultera le bien-être de la Nation, soit par un coup d'État, soit par la persuasion, cet homme et ces citoyens auront bien mérité de la Patrie ». Tous les écrivains politiques, tous les théoriciens de l'ancien régime répètent à l'unisson : le bien du peuple

n'est pas aisé à tous de marquer du premier coup toutes les routes et choses de tels gens. »

justifie tout. Quel est le faiseur de coup d'État qui a consulté le peuple avant d'agir ?

Les deux arguments, celui tiré du succès comme celui tiré du salut public, se valent et ne feront pas qu'un crime ne soit un crime. Du jour où la théorie du Droit a fait son apparition dans l'histoire ; du jour où, pour parler d'une façon plus spécieuse, en France, les droits de l'homme ont été solennellement proclamés, la théorie du salut public et celle du succès ne peuvent plus servir qu'à masquer des actes criminels.

IV

LES COUPS D'ÉTAT AVANT LA RÉVOLUTION

Nous n'avons point entrepris de raconter des coups d'État depuis les temps reculés de l'histoire.

Si haut qu'on puisse remonter, la souveraineté appartient d'une façon absolue et sans contestation à un seul homme. L'État social a pour base unique la force physique et brutale. Le roi ou le chef règne dans l'État, le père dans la famille. La religion, « les supercheries », dont parle Naudé, la superstition, qui est d'après Amyot « composée de folie et de dissolution », donnent une consécration à ce pouvoir. Le roi est maître de la vie de ses sujets comme le père de celle de ses enfants. Le prêtre, usant de la superstition, domine seul, au nom du Dieu qu'il prétend représenter, et le père et le roi. Encore souvent est-il à la merci du roi, quand celui-ci est assez fort pour mettre la religion à son service, et non courber la tête devant elle (1).

1. « Le prince, dit Proudhon, n'est, en réalité, que le porte-glaive de l'Eglise. » Sans idée de Dieu, sans religion, la suprématie du prince est difficile à établir. C'est à ce sujet que Hobbes a écrit que si, dans une république sans Dieu, un citoyen en proposait un, il le ferait pendre. Helvetius a dit dans le même sens : « Ce qui est vice au point de vue religieux, n'importe pas au bien public... La vertu est ce qui est conforme, le vice, ce qui est con-

Quelques peuples dans l'antiquité ont atteint un degré de civilisation plus élevé. Ils nous ont d'ailleurs légué leur droit. Les Républiques grecques et la République romaine ont réalisé jusqu'à un certain point l'idéal. Elles ont eu pendant longtemps, comme base de leurs institutions, le respect de la loi. Elles eurent comme une conscience vague de la souveraineté de l'individu. Malheureusement, elles n'allèrent jamais jusqu'à proclamer l'égalité des citoyens, et restèrent des républiques aristocratiques, jusqu'au jour où elles tombèrent sous les coups de quelques ambitieux.

La République Athénienne avait poussé plus loin qu'aucune autre l'émancipation de l'individu. Mais, au milieu de ses divisions, un conquérant survint qui détruisit son indépendance et substitua son autorité à la souveraineté populaire.

La République Romaine avait emprunté son droit écrit à la Grèce ; elle succomba également sous les coups d'usurpateurs militaires.

Les coups d'État sont fréquents dans l'histoire de Rome. Sans revenir sur le coup d'État qui porta Servius Tullius au pouvoir, la mort des Gracques peut être considérée comme un coup d'État des patriciens. De même les proscriptions de Sylla. L'illégalité commise par Cicéron pour punir les amis de Catilina en est également un.

traire à l'intérêt public. Une multitude de peuples vivent ou ont vécu en société sans idée de Dieu. » Bayle, avant lui, avait déjà proclamé « qu'une société d'athées pourrait exister et vaudrait mieux qu'une société d'idolâtres »,

Le grand orateur essaya de le justifier en proclaman
la fameuse maxime du Salut du peuple.

D'ailleurs, cette République Romaine devait finir par
tomber aux mains d'un usurpateur. Elle était trop étendue. Les discordes intérieures avaient donné au peuple
l'habitude de porter des armes en public. La force brutale remplaça au forum la légalité. La lutte de Marius
et de Sylla acheva de tuer le respect dû aux lois. Le
luxe provenant des conquêtes lointaines augmenta la cor-
ruption. Les généraux prirent soin de s'attacher leurs
soldats pour être prêts à résister, au besoin, aux ordres
venus de Rome.

Le dernier coup fut porté par César qui, vainqueur
de ses anciens complices devenus ses adversaires, se fit
proclamer dictateur.

« Après le triomphe, dit un historien, le peuple romain se coucha autour de 22,000 tables à trois lits. Cette
immense orgie inaugurait l'Empire. Le lendemain vin-
rent les distributions, les spectacles et les jeux, où les
gladiateurs étaient éclipsés : des chevaliers, le fils d'un
prêteur descendirent dans l'arène, des sénateurs voulurent y combattre ! »

Il restait cependant quelques hommes à Rome et César
fut poignardé, mais ce fut le dernier effort d'un peuple
qui abdique : seize ans plus tard, Octave-Auguste était
Empereur.

L'histoire du moyen âge et des temps modernes nous
fournit par milliers des exemples de coups d'État.

Au moyen âge, après que le flot des invasions barbares a passé sur l'Europe, la force seule est considérée.

Nulle notion de droit et de devoir. La domination de l'homme sur l'homme, absolue et brutale. L'inégalité, créée par la conquête, est d'autant plus tranchée qu'elle a pour base des différences de races.

La tradition des conquérants est identiquement la même que celle des premiers peuples. Le plus fort est roi; inutile de chercher dans ce chaos un exemple particulier. Le coup d'Etat est à l'état permanent, et tout acte est une violation du droit. On a présentes à l'esprit les premières pages de notre histoire. On sait comment se sont fondées ces dynasties dont l'unique origine est la force brutale, origine que les adorateurs-nés de la force, parce qu'ils sont nés esclaves, appellent légitime.

Ces temps troublés sont pleins d'enseignements. La violence, la perfidie, la trahison sont vertus royales. C'est par elles qu'on obtient le pouvoir, donc elles sont légitimes. On parvient au trône par l'assassinat. On attire son ennemi, son adversaire, son ami souvent, et quelquefois son frère, dans une embuscade et on le poignarde aux applaudissements de l'entourage de l'assassin, qui trouve la ruse excellente. Le succès justifie tout.

Cet entourage est composé d'hommes capables des mêmes actes, exerçant chacun sur sa terre la même domination sanglante, ayant droit de vie et de mort, prêts à tout faire, bandits arrêtant souvent sur les grands chemins, se moquant des rois trop scrupuleux et sachant les déposer pour choisir un autre chef plus viril et plus audacieux (1).

1. « Il ne faut, a dit Camille Desmoulins, il ne faut qu'ouvrir nos annales, bien qu'écrites par des moines ou des historiographes,

L'idée de droit dans ce milieu n'existe guère, on le comprend. Personne n'oserait élever la voix pour y rappeler les puissants. Il faut arriver jusqu'à l'époque de l'émancipation des communes pour retrouver la trace de cette idée, noyée à la fin de l'Empire Romain dans le flot des invasions barbares.

Dans notre histoire nationale, les principaux coups d'Etat depuis la Renaissance sont: La Saint-Barthélemy; l'assassinat du duc de Guise aux Etats généraux de Blois ; la disgrâce et la mort du maréchal d'Ancre ; la révocation de l'Edit de Nantes. Puis vient la lutte de la royauté et des parlements : les lits de justice, la création du parlement Maupeou, les disgrâces, les exils, etc.

Il faut remarquer que tous ces coups d'Etat n'avaient point, la plupart du temps, pour but ni pour résultat de changer la forme du gouvernement. C'est la monarchie qui se défend et fait acte de toute-puissance. Elle vise des individus, souvent des privilégiés. La Saint-Barthélémy et la révocation de l'Edit de Nantes seules, atteignirent des millions d'individus.

Nous n'entrerons pas dans le détail des coups d'Etat si communs dans le reste de l'Europe : les Républiques Italiennes, l'Allemagne, l'Espagne, l'Angleterre en sont les théâtres permanents.

pour voir, malgré les panégyristes, qu'aucune histoire ne présente une plus longue suite de mauvais rois !... »

C'est ce même cri que ne put retenir le Dauphin, père de Louis XVI, quand, après la lecture de l'histoire de France, il dit à son précepteur :

« Père Corbin, dans tous ces rois, je n'en vois aucun de bon ! »

La Révolution arrive. Le progrès politique, qui a marché si lentement à certaines époques, atteint en peu de
jours sa formule suprême. La déclaration des Droits de
l'Homme et du Citoyen jaillit comme une lumière sou-
daine au milieu des débris des antiques puissances fondées sur la force. L'indépendance de l'individu, l'inviolabilité de la loi sont inscrites en tête des constitutions.
Une ère nouvelle commence.

La Révolution est semée d'incidents qui sont de véritables coups d'Etat. Dans une période de tourmente,
comme celle de la fin du siècle dernier, cela n'est pas
fait pour surprendre! D'ailleurs, ce sont des factions qui
se combattent et la souveraineté populaire n'en ressent
pas les atteintes. Les Montagnards frappent les Giron-
dins. Les Thermidoriens proscrivent les Montagnards.
Robespierre tombe après avoir sacrifié Hébert et Dan-
ton. La réaction de thermidor achève son œuvre en
prairial et le 13 vendémiaire. Le Directoire, qui devait
êtrebalayé lui-même par le coup d'Etat du 18 brumaire
an VIII, eut recours, le 18 fructidor, à la proscription pour
écarter deux de ses membres et cinquante-trois députés
des deux conseils.

Tous ces coups de force, illégaux et exécutés au profit de quelques-uns, n'avaient point, nous le répétons,
pour but de priver la nation des droits qu'elle avait conquis et le peuple n'y participait pas.

Les coups d'Etat exécutés ou tentés depuis cette époque ont eu, au contraire, ce caractère bien déterminé d'être
dirigés contre les droits de l'individu, contre la souveraineté du peuple. C'est l'histoire de ces violations du

droit que nous allons écrire. Sur trois tentatives, deux ont réussi : *le* 18 *brumaire an VIII*, d'où est sorti le premier Empire, et le 2 *décembre* 1851, qui a donné naissance au second. Une a avorté, le coup d'Etat de M. de Polignac, plus connu sous la dénomination de : *Les ordonnances de* 1830.

Nous allons raconter succinctement les faits qui se sont passés à ces trois époques, et en les analysant ensuite nous prouverons que les théories des logiciens des coups d'Etat n'ont pas vieilli.

La conclusion de cette étude se présentera alors d'elle-même et il ne sera pas difficile de formuler les règles qu'un Etat démocratique doit suivre et les précautions qu'il doit prendre pour mépriser dans l'avenir toutes les tentatives de coup d'Etat.

LIVRE II

LE 18 BRUMAIRE AN VIII

LIVRE II

LE 18 BRUMAIRE AN VIII

I

LA RÉPUBLIQUE EN L'AN VIII

En l'an VIII de la République française (1799-1800),
le peuple était fatigué. La République était en décadence,
grâce aux triomphateurs de Thermidor. Les médiocrités
occupaient les premières situations. Les intrigants, les
ambitieux, les agioteurs régnaient en maîtres. Les aus-
tères combattants de la première heure, ceux qui avaient
pris part à la grande tourmente, isolés, dégoûtés, ne
voulaient, ne pouvaient élever la voix.

Restaient les gloires militaires. Les enfants de la Révolution, Augereau, Bernadotte, Masséna, Bonaparte,
Moreau, Joubert, de loin occupaient l'esprit public.
Leurs victoires avaient seules le privilège de passion-
ner. On oubliait, en lisant leurs bulletins, la situation
intérieure.

Les meneurs d'intrigues, Sieyès, Talleyrand, Rœderer, Réal, Regnault de Saint-Jean-d'Angely, Cambacé-

rès, etc., attendaient une occasion favorable pour substituer à la République un gouvernement qui les mît plus à l'aise pour tripoter. On cherchait, dans ce milieu, un homme capable d'exercer contre la Constitution l'attentat nécessaire. On pensa à Moreau, puis à Joubert, qui fut tué en Italie, enfin à Bonaparte.

Celui-ci, en Egypte (1), dévoré déjà par cette ambition insatiable qui fut si fatale à la France, attendait, prêt au premier signal, à revenir et à jeter son épée dans la balance. De Talleyrand fit les ouvertures. Un bâtiment partit à l'insu du Directoire, portant au général les plans formés par les conspirateurs. Le bâtiment arriva en Egypte le 10 août. Le 16 octobre, Bonaparte était à Paris (24 vendémiaire an VIII).

Deux partis se trouvaient en présence, Sieyès et Roger-Ducos, membres du Directoire, ayant la majorité au Conseil des Anciens ; quelques membres du Conseil des Cinq-Cents et le corps diplomatique étaient à la tête du complot contre la République.

---

1. « C'est par des maisons de commerce que M. de Talleyrand fit parvenir les premières dépêches qui informaient le général de la situation où se trouvait la France et de la gloire qui lui était réservée d'y porter remède ; mais comme on n'était pas sûr qu'il eût reçu ces lettres, et que les désordres de l'intérieur et les désastres de l'armée d'Italie ne laissaient plus aucune espérance de salut, un bâtiment neutre fut frété pour lui porter avec le plan d'exécution qui avait été arrêté, l'invitation de presser son arrivée et de ramener les principaux officiers de son armée. Ce bâtiment partit à l'insu du Directoire, aborda en Egypte le 10 août, et Bonaparte était en France avant que le gouvernement eût même soupçonné son départ. » (Autobiographie de Talleyrand, cabinet Feuillet de Conches.)

Gohier et Moulin, s'appuyant sur les vrais républicains et sur la majorité des Cinq-Cents, ne savaient rien de ce qui se tramait, mais étaient décidés à maintenir la Constitution et commençaient à s'effrayer de la prépondérance des généraux.

Un seul membre du Directoire était indécis, par peur, par inertie, Barras.

Bonaparte ne perdit pas un instant. Sûr des chefs militaires, — Jourdan, Bernadotte et Augereau se tenant seuls à l'écart, — ayant pour complice le préfet de police Fouché, il dressa ses batteries.

Au fond, il ne savait pas exactement où il allait. Il essaya d'entrer dans le Directoire et s'en ouvrit à Gohier et à Moulin, qui résistèrent à ses avances. Il n'avait pas l'âge nécessaire pour entrer au Directoire. Il essaya du côté de Barras, puis voulut corrompre Bernadotte. Il eut même des rapports avec les princes. On trouve dans Savary cette note : « On a douté, après le 18 brumaire, si le premier consul agissait pour satisfaire sa propre ambition ou pour remettre le pouvoir à un prince français. » Cette opinion s'est soutenue assez longtemps pour acquérir quelque vraisemblance. Voici une anecdote que M. le comte de Puisaye cite à ce sujet dans ses mémoires (t. III, p. 33) : « Si les princes l'eussent voulu, « il y a deux ans, disait, en 1802, une personne qui était « dans la politique du Consul, ils auraient fait de bonnes « affaires avec Bonaparte : mais il n'est plus temps. »

C'est après toutes ces tentatives, qu'il a, bien entendu, effrontément niées plus tard, que Bonaparte revint à Sieyès qu'il détestait. Il avait dit de l'ex-abbé : « *Cet*

homme est ma bête noire ; je ne peux pas le souffrir. »
Ce propos avait été rapporté à Sieyès qui s'était impru-
demment écrié : « *Je ne sais à quoi il tient que je ne fasse
fusiller cet insolent.* » Malgré cela, comme ils avaient
besoin l'un de l'autre, ils s'entendirent. L'entrevue eut lieu
le 15 brumaire. Ce jour-là il y avait dans l'église Saint-
Sulpice, transformée en temple de la Victoire, un banquet
offert à Bonaparte et à Moreau par les conseils. « Le
repas, dit *le Moniteur*, ne dura qu'une heure. Bonaparte
se leva le premier, vers les huit heures, et emmena avec
lui le général Moreau. » Un quart d'heure après, Bonaparte était dans le cabinet de Sieyès.

Les principaux points furent promptement arrêtés.
Le général avait son plan tout fait.

— Il ne s'agit donc, dit Sieyès en terminant, que
d'obtenir un décret des conseils supprimant le Directoire, et le remplaçant par une commission consulaire
composée de Roger-Ducos, de vous et de moi...

— C'est-à-dire, interrompit Bonaparte en accentuant
ses paroles, composée de *moi*, de *vous* et de *Roger-
Ducos*.

Bonaparte avait déjà écrit (Corr., t. III, p. 447, 19
sept. 1797) : « Il ne faut que deux pouvoirs, l'un qui
agisse, l'autre qui surveille », mais il entendait bien que
le pouvoir agissant fût tout et l'autre rien.

Dès lors les préparatifs s'activèrent. On distribua les
rôles, on embaucha tous les intrigants qui se présen-
tèrent. Les fournisseurs, notamment Collot, avancèrent
deux millions pour les dépenses urgentes.

Pour frapper l'opinion publique, un poète tragique,

Arnault, eut la mission singulière de brocher une chanson, tandis que Rœderer lançait de petits écrits en style du *Père Duchêne* et que Regnault de Saint-Jean-d'An
gely rédigeait les proclamations.

Pour détourner les soupçons, Bonaparte caressait
Gohier et lui faisait écrire par Joséphine :

« L'exécution, dit Louis Combes, avait été fixée au 6. En lui annonçant qu'elle était remise au 18, Bona
parte dit à Arnault : « Ces imbéciles du Conseil des Anciens n'ont-ils pas des scrupules. Ils m'ont demandé vingt-quatre heures pour faire leurs réflexions. » (Arnault, *Souvenirs d'un sexagénaire*.)

« C'est ainsi que l'illustre conspirateur parlait de ses auxiliaires et des instruments de sa trahison. La restauration de l'autorité commençait. Dans quelques jours, d'ailleurs, ces *imbéciles* qui avaient encore quelques scrupules, seront à plat ventre devant le maître nouveau, qui, pendant quinze ans, se servira d'eux comme de laquais et pourra les mener si bas dans la servitude, que lui-même en éprouvera la nausée du dégoût. »

Un article de la Constitution de l'an III investissait le Conseil des Anciens du droit de décréter la translation du Corps législatif hors Paris. Siéyès, Lemercier et d'autres membres influents des Anciens devaient présenter un décret de translation des conseils à Saint-Cloud, en prétextant un prétendu complot jacobin, puis on ferait nommer Bonaparte commandant de toutes les forces militaires de Paris. Cette nomination était illégale, mais on espérait malgré cela l'obtenir.

C'était là le premier acte.

Le second devait avoir pour théâtre Saint-Cloud. Les conseils réunis dans cet endroit seraient privés de toute communication avec Paris. Siéyès et Roger-Ducos donneraient leur démission de directeur, on arracherait celle des autres et on ferait procéder à la nomination du consulat.

Ainsi fut fait.

II

LE COMPLOT

Le 17 brumaire, une dernière réunion eut lieu chez
le député Lehary. Lucien Bonaparte, président des Cinq
Cents, annonça que son frère répondait de tout. On arrêta
dès lors les derniers arrangements. Les inspecteurs du
Conseil préparèrent des lettres de convocation destinées
aux membres connus par leur opposition au gouvernement. Ces lettres, au nombre de 150, furent portées à six
heures du matin, le 18, par des sous-officiers.

Le président Lemercier ouvre la séance. Immédiatement, Cornet, chargé de ce rôle, monte à la tribune et
déclame un long discours tendant à prouver qu'une
conspiration anarchique va éclater. Il se livre sur ce sujet à toute la fécondité de son imagination et conjure le
conseil de *sauver la Patrie*. On sauve toujours la Patrie
dans ces cas-là. « La République va périr, dit-il, et son
squelette tombera entre *les mains* des vautours qui s'en
disputeront les membres décharnés. »

Les Anciens qui ne sont pas dans le complot ne com-
prennent rien à ces efforts d'éloquence. Renier se charge
de préciser. Il apportait les décrets. Après quelques paroles préparatoires, dans lesquelles il trouve moyen de
glisser un éloge de Bonaparte, « cet homme illustre qui
a tant mérité de la patrie, et qui brûle de couronner ses

nobles travaux par un acte de dévouement envers la République et la représentation nationale », il propose le décret suivant :

« ART. 1. — Le Corps législatif est transféré dans la commune de Saint-Cloud. Les deux conseils y siégeront dans les deux ailes du Palais.

« Art. 2. — Ils y seront rendus demain 19 brumaire à midi. Toute continuation de fonctions et délibérations est interdite ailleurs et avant ce temps.

« Art. 3. — Le général Bonaparte est chargé de l'exécution du présent décret ; il prendra toutes les mesures nécessaires pour la sûreté de la représentation nationale.

« Art. 4. — Le général Bonaparte est appelé dans le sein du conseil pour y recevoir une expédition du présent décret... »

Avant neuf heures, le décret était rendu.

Bonaparte ne l'avait pas attendu. A six heures du matin, il avait réuni chez lui presque tous les officiers de la garnison de Paris.

Les Cinq Cents avaient réunion à dix heures. Leur président Lucien lut le décret que venait de voter le Conseil des Anciens et leva la séance sans que personne pût prendre la parole.

Ces faits parvinrent immédiatement, on le comprend, aux directeurs.

Gohier, qui était président du Directoire, entra dans une violente colère. Il parla de faire fusiller l'audacieux général.

Moulin, plus calme, dit : « Ils sont dans leur droit ; ils n'ont pas dépassé le droit que leur donne la Constitution. Que vont-ils faire, maintenant ? C'est ce qu'il faudra voir. »

Suivant le plan adopté, Sieyès et Roger-Ducos avaient donné leur démission.

Moulin fit appeler le général Lefebvre et lui reprocha d'avoir résigné son commandement. Celui-ci répondit qu'il n'avait, depuis le décret, à recevoir d'ordre que de Bonaparte.

Jubé, qui commandait la garde du Directoire, avait relevé tous les postes.

Le conspirateur, de son côté, avait songé, après avoir vu Gohier et Moulin résister aux menaces, comme aux sollicitations, à les faire garder. « L'indécis Moreau, dit Michelet, baissa tellement qu'il se chargea du rôle le plus bas, d'être geôlier des directeurs patriotes Gohier et Moulin. » Il occupa le Luxembourg à la tête d'un escadron de dragons et d'un bataillon d'infanterie.

Barras, longtemps indécis, sollicité par Talleyrand et l'amiral Bruix, suivit l'exemple de Siéyès et de Roger-Ducos, signa sa démission et partit pour la campagne.

Fouché, ministre de la police, notifia à Gohier le décret des Anciens. On connaît la conversation qui eut lieu.

— Oh ! s'écria le directeur, c'est à la fois de la trahison et de l'impudence ! Comment, vous, ministre du Directoire...

— C'est aussi au nom du Directoire que j'agis, interrompit Fouché ; car les directeurs Siéyès et Roger-Ducos sont réunis aux Anciens.

— Ces deux hommes ne forment qu'une minorité factieuse, dit avec colère Gohier : je suis le président du

Directoire; les directeurs Moulin et Barras sont avec moi ; nous formons la majorité.

Fouché (1), montrant par la fenêtre la voiture de Barras qui partait, répondit en souriant (2) :

— Citoyen-président, voici votre majorité qui s'envole.

Bonaparte était installé aux Tuileries. A dix heures, il déjeunait avec ses frères et les généraux qui lui étaient dévoués, quand le député Cornet vint lui apporter le décret.

« Citoyens, dit-il après avoir jeté un coup d'œil sur le papier, je suis appelé au Conseil des Anciens, et puisque vous deviez m'accompagner à la revue, j'espère que vous voudrez bien venir avec moi jusqu'à la barre du

---

1. « Le ministre Fouché avec son flair subtil d'homme de police, avait tout deviné dès la première heure ; mais il se gardait bien de traverser une entreprise qui paraissait appelée à un infaillible succès, et il accablait le général de protestations de dévouement, se réservant, sans aucun doute, de le trahir si la fortune l'abandonnait. » (Larousse.)

2. Un peu avant la démission de Barras, le secrétaire de celui-ci, Bottot, était venu à la commission des inspecteurs pour observer ce qui se passait. Bonaparte, l'apercevant dans la salle, saisit l'occasion pour déclamer une tirade d'apparat, certainement préméditée, et destinée au Directoire. Voici cette sortie célèbre où le *moi* impérial s'étale déjà avec si peu de gêne : « Qu'avez-vous fait de « cette France que *j'avais* laissée si brillante ? *J'avais* laissé la « paix, j'ai retrouvé la guerre ; *j'avais* laissé des victoires, *j'ai* « retrouvé des revers ; *j'avais* laissé les millions de l'Italie, *j'ai* « retrouvé des lois spoliatrices et la misère !.... Un tel état de « choses ne peut durer ; avant trois ans, il nous mènerait au « despotisme. »

Conseil, afin d'être instruits les premiers de la cause qui
m'y fait appeler. »

Introduit avec tout cet état-major, le futur dictateur
prit la parole :

« Citoyens représentants, dit-il, la République péris-
sait, vous l'avez su, et votre décret vient de la sauver.
Malheur à ceux qui voudraient le trouble et le désordre. Je les arrêterais, aidé du général Lefebvre, du général Berthier et de tous mes compagnons d'armes.

« Qu'on ne cherche pas dans le passé des exemples
qui pourraient retarder notre marche. Rien dans l'histoire ne ressemble à la fin du dix-huitième siècle ; rien
dans la fin du dix-huitième siècle ne ressemble au moment actuel. Votre sagesse a rendu un décret ; nos bras
sauront l'exécuter.

« Nous voulons une république fondée sur la vraie liberté, sur la liberté civile, sur la représentation nationale ; nous l'aurons, je le jure en mon nom, et en celui de
mes compagnons d'armes. »

Le président répondit :

« Général, le Conseil des Anciens reçoit vos serments;
il ne forme aucun doute sur leur sincérité et sur votre
zèle à les remplir. Celui qui ne promit jamais en vain de
victoires à la patrie ne peut qu'exécuter avec dévouement de nouveaux engagements de la servir et de lui
rester fidèle. »

Après que Bonaparte se fut retiré, les Anciens s'a-
journèrent au lendemain pour se réunir à Saint-Cloud.

Le jardin des Tuileries et une partie de la place de la
Révolution étaient occupés par des troupes. Le général

parcourut les rangs et adressa quelques mots aux soldats :

« Soldats, vos compagnons d'armes qui sont aux
frontières, manquent des choses les plus nécessaires !
Le peuple est malheureux ! Les auteurs de tant de
maux, ce sont ces factieux contre lesquels je vous rassem-
ble aujourd'hui. J'espère, sous peu, vous conduire encore à la victoire ; mais il faut auparavant réduire à
l'impuissance de nuire tous ceux qui voudraient s'opposer au bon ordre et à la prospérité publique ! »

Un ordre du jour, qui annonçait le commandement dont
il était investi et les nominations des généraux, appelés
par lui aux divers commandements de la dix-septième
division militaire, fut publié.

On adressa en même temps deux proclamations à la
Garde Nationale et à l'armée (1).

Cependant Gohier et Moulin voulaient tenter une
nouvelle démarche. Échappant à Moreau, mauvais geôlier, ils se rendirent aux Tuileries. Moulin s'avança
vers Bonaparte :

1. « Une chose curieuse, c'est que les proclamations, par suite
du retard de l'exécution, étaient prêtes plusieurs jours à l'avance.
Regnault et Arnaud avaient confié ce travail à un imprimeur de la
rue Christine, nommé Demonville. Le soir du 15, sachant déjà que
l'affaire était remise, ils étaient allés tranquillement signer le bon
à tirer, et ils laissèrent entre les mains du prote ces pièces accusa-
trices, dont la découverte pouvait tout faire échouer. Ils étaient
niaisement convaincus que cet homme n'y comprendrait rien (un
typographe !). On conviendra qu'en une circonstance aussi grave,
une telle conduite touchait à l'ineptie. Ce prote obscur et discret,
qui eut, pendant toute la nuit, entre ses mains la destinée de la
France et celle de Napoléon, se nommait Bouzu. » (Larousse.)

— Mieux que personne, général, lui dit-il avec émotion, vous savez que la République est en danger ; rien n'est pourtant désespéré et je vous adjure de vous joindre au Directoire...

— Citoyen Moulin, interrompit le général, il n'y a plus de Directoire.

— Il n'y a plus de Directoire ! s'écria Gohier indigné, qui donc l'a supprimé ?

— Moi, répliqua Bonaparte.

— Et vous croyez qu'on laissera à vos projets liberticides le temps de s'accomplir ?

— Bon !... Il s'agit bien de cela ! Vous l'avez dit tout à l'heure : la République est en danger, et ce n'est pas avec des phrases qu'on peut la sauver ; Barras, Siéyès et Roger-Ducos l'ont bien compris, et ils ont donné leur démission ; vous n'avez rien de mieux à faire que de suivre leur exemple. »

Et Bonaparte tourna le dos aux deux directeurs qui regagnèrent le Luxembourg, où cette fois Moreau prit les précautions nécessaires pour les empêcher de sortir et surtout de se rendre le lendemain à Saint-Cloud, comme ils en avaient l'intention.

La première journée, sans être décisive, donnait de grandes chances à Bonaparte. Cependant, si les derniers républicains qui restaient aux Cinq-Cents ou qui se tenaient à l'écart s'étaient entendus, ils pouvaient faire échouer le coup d'Etat.

« Il était, dit Louis Combes, élémentaire que le conseil, la conspiration étant flagrante, ne devait pas se laisser traîner ainsi à Saint-Cloud, emprisonner dans son cercle de baïonnettes. Il devait se maintenir en permanence à Paris, réorganiser le gouvernement, en appeler aux Anciens de leur décret de translation, briser la police, qui trahissait ouvertement, rétablir les douze municipalités républicaines, qui avaient été cassées le jour même par Réal et Fouché, charger Bernadotte ou Jourdan du commandement des forces militaires, appeler le peuple et la garde nationale à la défense des lois, agir enfin comme eût agi la Convention, avec vigueur, décision et rapidité. A ces conditions, on avait des chances pour faire avorter la conspiration, écraser les conjurés dans leur guet-apens. »

III

LE DRAME DE SAINT-CLOUD

Le second acte du coup d'Etat eut pour théâtre Saint-Cloud.

Au matin, on distribua aux troupes placées autour de Saint-Cloud un petit pamphlet extrait du *Moniteur*. Cela avait pour titre : *Dialogue entre un membre du Conseil des Anciens et un membre du Conseil des Cinq-Cents.* C'est une assez longue conversation dans laquelle le membre des Anciens a toujours raison et démontre au membre des Cinq-Cents que tout ce qui se passe est constitutionnel et légal.

Les membres des deux conseils se rendaient à Saint-Cloud, sans songer à la gravité de la situation et sans faire réflexion qu'ils se remettaient ainsi complétement à la discrétion des conspirateurs.

Bonaparte qui avait inondé de troupes les environs, arriva escorté de ses gardes et fut introduit dans un salon préparé pour lui et les inspecteurs.

Il se présente d'abord à la barre des Anciens, n'osant aller immédiatement affronter les Cinq-Cents :

« Représentants, dit-il, vous êtes sur un volcan ; il n'est plus temps de délibérer, il faut agir. Votre décret m'a imposé des devoirs que je veux remplir, et c'est pour cela que j'ai appelé nos frères d'armes autour de moi. Nous étions tranquilles lorsque, à votre appel, nous sommes venus vous offrir nos bras. »

— Tranquilles, non ! s'écrie un représentant, vous conspiriez...

Des cris s'élèvent : « Il veut faire le César, et ce n'est qu'un Cromwell au petit pied ! ... A bas le dictateur ! ... »

Bonaparte reprend :

« Qui parle de César et de Cromwell ? Si j'avais voulu m'emparer de l'autorité suprême après les campagnes d'Italie, rien ne m'eût été plus facile ; la nation, l'armée, m'y conviaient en même temps ; mais j'ai toujours cru que le salut du pays reposait sur ses représentants.... Je ne parle pas du Directoire ; il n'y a plus de Directoire .... »

La tempête recommence à ces mots.

— Général, crie Lindet, vous oubliez la Constitution.

— La Constitution, reprend Bonaparte avec le signe particulier aux aventuriers militaires, la main sur la garde de son sabre, il vous appartient bien d'en parler ! Ne l'avez-vous par violée cent fois ... Vous l'avez violée au 18 fructidor ; vous l'avez violée au 22 floréal ; vous l'avez violée le 23 prairial... C'est au nom de la Constitution que vous avez exercé toutes les tyrannies. Ne parlez donc pas de la Constitution ; aidez-moi plutôt à sauver les bases sur lesquelles elle repose, la liberté et l'égalité, et, je vous le jure, aussitôt que les dangers, qui m'ont fait confier les pouvoirs extraordinaires, seront passés, j'abdiquerai ces pouvoirs.

— Non, non !

— Suis-je donc un misérable intrigant.

— Vous l'entendez, s'écrie Cornet, celui auquel vous
avez décerné tant d'honneur, celui devant qui l'Europe
et l'univers se taisent d'admiration, serait-il un vil impos-
teur ?

— Depuis mon retour d'Egypte, reprend Bonaparte, je
n'ai cessé d'être entouré d'intrigues ; toutes les factions
se sont empressées autour de moi pour me circonvenir.
Des hommes qui se proclament les seuls amis de la Patrie, les véritables soutiens de la liberté, m'ont offert
leur concours pour épurer les Conseils et purifier le gouvernement ... S'il faut nommer ces hommes, je les
nommerai...,

— Nommez-les ! Nommez-les !

— Je dirai que les directeurs Barras et Moulin m'ont
proposé de me mettre à la tête d'un parti tendant à renverser tous les hommes qui ont des idées libérales...
Toutes les factions sont venues frapper à ma porte. Je
ne les ai point écoutées parce que je ne suis d'aucune coterie, parce que je suis du grand parti du peuple Français... Je ne vous le cache pas, représentants du peuple,
en prenant le commandement, je n'ai compté que sur le
Conseil des Anciens ; je n'ai point compté sur le Conseil des Cinq-Cents, où se trouvent des hommes qui voudraient nous rendre les comités révolutionnaires et les
échafauds ; sur le Conseil des Cinq-Cents d'où viennent
de partir des émissaires chargés d'aller organiser un
mouvement dans Paris... Que ces projets criminels
ne vous effrayent pas ; environné de mes frères d'armes,
je saurai vous préserver de tout danger ; et si quelque

orateur payé par l'étranger, devait parler de me mettre hors la loi, qu'il prenne garde de porter cet arrêt contre lui-même ! S'il parlait de me mettre hors la loi, j'en appellerais à vous, mes braves compagnons d'armes, que j'ai tant de fois menés à la victoire ; je m'en remettrais, mes braves amis, au courage de vous tous et à ma fortune.

Ces discours qui ont d'ailleurs été refaits par le *Moniteur*, étaient maladroits. La majorité du Conseil des Anciens était sûre. Il n'était point besoin de lui faire de pareilles phrases. Elles produisirent d'ailleurs le contraire de l'effet attendu. Leur brutalité choqua. Au lieu de prétextes qu'attendaient les représentants pour colorer leur complicité on ne leur apportait que des menaces. Le résultat fut que le Conseil ne décida rien. Les discours terminés, une grande indécision s'empara des esprits. On attendit ce que feraient les Cinq-Cents, pour se donner le temps de la réflexion.

Bonaparte, on le sent, n'était entré aux Anciens que pour se monter un peu la tête. Au fond, il craignait beaucoup. Mauvais orateur, il avait peur d'être obligé de soutenir aux Cinq-Cents une discussion. Voyant l'effet que ses maladroites paroles produisaient aux Anciens, il prit une décision suprême et s'écriant : « Qui m'aime me suive ! » il s'élança avec son état-major vers la salle de l'autre conseil. Il allait tête baissée, sachant bien que s'il ne réussissait pas il était perdu. C'était un coup d'audace à tenter. Une compagnie de grenadiers cette fois l'accompagnait.

La séance des Cinq-Cents avait été ouverte par Lucien

Bonaparte à une heure et demie, dans l'Orangerie du château. Un représentant, Gaudin, chercha à détourner la question en accusant, dans un discours incohérent, les royalistes de former des complots.

Immédiatement le citoyen Delbrel parut à la tribune :

« Oui, Représentants du peuple, dit-il, de grands dangers menacent la République ; mais ceux qui veulent la détruire sont ceux-là mêmes qui, sous le prétexte de la sauver, veulent renverser le Gouvernement existant. En vain, ces hypocrites conspirateurs ont cru nous effrayer en déployant autour de nous l'appareil formidable de la force armée. Non ! les défenseurs de la Patrie ne consentiront jamais à tourner leurs armes contre les représentants. Si néanmoins les conspirateurs parvenaient à tromper ou à égarer le courage de nos guerriers, nous saurions mourir à notre poste en défendant les libertés publiques contre les tyrans, contre les dictateurs qui veulent l'opprimer ! Nous voulons la Constitution de l'an III ou la mort ! Les baïonnettes ne nous effrayent pas ; nous sommes libres ici. Je demande que tous les membres du conseil, appelés individuellement, renouvellent à l'instant le serment de maintenir la Constitution de l'an III. »

Immédiatement, de tous les bancs partent les cris de : *A bas les dictateurs ! Vive la Constitution de l'an III !* Le tumulte est à son comble. Le président, Lucien Bonaparte, dont ceci dérangeait les plans, n'écoute pas ceux qui lui disent de mettre aux voix la proposition, se couvre et, au milieu du bruit, s'écrie :

« Je sens trop la dignité du poste que j'occupe pour

supporter plus longtemps les menaces insolentes de quelques orateurs, et pour ne pas rappeler de tout mon pouvoir l'ordre et la décence dans le Conseil. »

Le silence se fait un instant. Le représentant Grand'-Maison monte à la tribune, reprend la proposition de Delbrel et la complète :

« Le sang français coule depuis dix ans pour la liberté ; ce n'est pas pour avoir une Constitution semblable à celle des Etats-Unis ou un gouvernement comme celui de l'Angleterre... Je demande qu'à l'instant tous les membres du Conseil renouvellent le serment de fidélité à la Constitution de l'an III. Je demande que nous fassions le serment de nous opposer au rétablissement de toute espèce de tyrannie. Je demande en outre un message au Conseil des Anciens pour que nous soyons instruits du plan et des détails de cette vaste conspiration qui était à la veille de renverser la République. »

Le président consulte cette fois l'Assemblée. A la presque unanimité, la proposition est adoptée, et tous les représentants défilent à la tribune pour renouveler le serment. Un seul s'y refusa et donna sa démission.

C'était du temps perdu. Pendant que ces instants précieux étaient ainsi employés, le Conseil aurait pu arrêter des mesures décisives, qui, étant donnée l'hésitation des Anciens, eussent peut-être changé le résultat de la journée.

Le vote terminé, on commençait la discussion d'un projet de proclamation. A ce moment, une lettre de Barras, annonçant sa démission, fut transmise par les Anciens. En même temps, on annonçait que quatre di-

recteurs sur cinq étaient démissionnaires. C'était faux :
Gohier et Moulin, prisonniers de Moreau, n'avaient pas
démissionné.

Le cas de démission était prévu par la Constitution ;
et, comme le fit observer un membre, il ne s'agissait
que d'arrêter une liste quintuple de candidats parmi
lesquels les Anciens choisiraient.

A ce moment, Bonaparte arrivait aux Anciens. Quand
il en sortit pour se rendre aux Cinq-Cents, ceux-ci déli-
béraient sur le message et s'occupaient de le rédiger.

A la porte de l'Orangerie, les soldats font halte et l'on
entend résonner les crosses des fusils sur les dalles ;
d'ailleurs, par les fenêtres, on avait vu luire les baïonnettes.

Bonaparte entre. Immédiatement, un tumulte effroya-
ble éclate. On l'interpelle violemment. On crie : *A bas
les baïonnettes ! Hors la loi le dictateur ! Vive la République ! Vive la Constitution !* Bientôt le cri de *Hors
la loi !* domine tous les autres.

Bonaparte est entouré de tous côtés. Collot, le four-
nisseur, un de ceux qui avaient avancé de l'argent pour
la conspiration, témoin des faits, dit : « Si un seul représentant avait saisi Bonaparte, son parti n'était pas assez
fort pour le sauver. Et si l'instant d'après on avait présenté sa tête au balcon, en le nommant traître à la patrie, les soldats n'en auraient demandé ni tiré vengeance.
Mais on perdit une demi-heure en clameurs, en injures. »

S'il en avait été ainsi, quel service ce jour-là les Cinq-
Cents auraient rendu à la France !

Voyant leur général entouré, les grenadiers s'avancent. Un représentant, Bigonnet, enlève Bonaparte et le porte au milieu de ses soldats. Inutile de dire que le coup de poignard d'Arena est une fable absurde.

Pendant cette retraite de l'usurpateur, la discussion recommence.

— Je demande, propose un membre, que le dictateur soit traduit à la barre.

— Citoyen président, dit un autre, fais décréter que Bonaparte est déchu de son commandement.

— Je demande avant tout qu'il soit mis hors la loi.

Ce cri est bientôt général.

Lucien se couvre et jouant la comédie s'écrie :

« Mais c'est une infamie ! Quoi ! C'est à moi que vous demandez de mettre aux voix la mort d'un frère, la mort de celui qui a tant de fois sauvé la République, la mort de celui qui vous a sauvés tous et dont le nom seul fait trembler les ennemis de la liberté ! Non, jamais cette terrible provocation ne sortira de mes lèvres. Je me croyais entouré d'hommes d'élite ; je ne veux pas rester au milieu de bêtes féroces... Dès ce moment je ne fais plus partie du-Conseil. »

Et d'un mouvement tragique il dépose ses insignes. A ce moment les grenadiers entrent de nouveau et l'enlèvent, comme si un seul représentant avait voulu porter la main sur lui.

Aussitôt sorti du Conseil, Lucien ne perd pas de temps. Son frère était atterré, incapable de prendre une résolution, il lui donne un peu de courage. Il monte à cheval et se met à haranguer les troupes hésitantes.

Il fait un récit effrontément mensonger de ce qui se

passe aux Cinq-Cents. Il appelle les représentants : des assassins soldés par l'Angleterre. Enfin, à bout d'arguments, il requiert, comme président, la force publique de délivrer l'Assemblée des brigands qui l'oppriment.

Brandissant tragiquement son épée, il s'écrie :

« On parle d'un second Cromwell ? Nouveau Brutus, s'il en était ainsi, je serais le premier à plonger ce fer dans le sein de mon frère. »

Murat et Leclerc profitent de ce moment pour entraîner les soldats. La porte de l'Orangerie s'ouvre à deux battants, et les tambours battant la charge apparaissent sur le seuil.

Murat crie : *halte !* et s'adressant aux représentants :

« Citoyens, dit-il, par ordre du président de l'Assemblée, cette salle doit être évacuée. Je vous invite à vous retirer et je ne réponds de la sûreté d'aucun de ceux qui ne tiendraient point compte de cette invitation. »

Les protestations des représentants sont étouffées par le roulement des tambours. Les représentants sautent par les fenêtres. Un dernier cri de : vive la République ! est poussé, et quelque minutes après la salle n'est plus occupée que par la troupe.

Le crime était consommé.

Il fallait lui donner immédiatement un simulacre de sanction.

Voici, d'après Collot, le récit de la soirée :

« Il était bien difficile de refaire une autre assemblée. On réunit environ quatre-vingts députés, en tout, de l'un et l'autre conseil. Je me rappelle l'anxiété de Bonaparte pendant ce temps ; il avait grand besoin de la présence de M. de Talleyrand, qui ne cessait de l'encourager. C'est à dix heures qu'il voulut qu'on ouvrît la séance. J'y étais; et quel spectacle que cette séance nocturne dans la salle même qui venait d'être polluée !... Tant que je vivrai j'aurai devant les yeux l'aspect de l'Orangerie pendant cette scène lugubre. Qu'elle était silencieuse ! Combien mornes et attristés ceux qui venaient s'y asseoir !... Figurez-vous une longue et large grange, remplie de banquettes bouleversées, une chaire adossée, au milieu, contre un mur nu ; sous la chaire, un peu en avant, une table et deux chaises ; sur cette table, deux chandelles, autant sur la chaire. Point de lustre, point de lampes. Nulle autre clarté sous les voûtes de cette longue enceinte.

« Voyez-vous, devant la chaire, la pâle figure de Lucien, lisant la nouvelle Constitution, et devant la table deux députés verbalisant ? Vis-à-vis, dans un espace étroit et rapproché, gisait un groupe de représentants, indifférents à tout ce qu'on leur débitait ; la plupart étaient couchés sur trois banquettes, l'une servant de siège, l'autre de marche-pied, la troisième d'oreiller. Parmi eux, dans la même attitude et pêle-mêle, de simples particuliers. Non loin derrière, on apercevait quelques laquais qui, poussés par le froid, étaient venus chercher un abri et dormaient en attendant leurs maîtres.

« Tel fut l'étrange aréopage qui donna à la France un nouveau gouvernement ».

Le 24 décembre fut promulguée la Constitution dite de l'an VIII.

« Constitution ridicule, dit Michelet.

« *L'exécutif* : ou tout le bras de Bonaparte.

« Quant au *législatif*, vraie machine de Marly, il avait trois roues superposées : un tribunal qui discutait sans voter ; un Corps législatif qui votait sans discuter ; ce Corps était nommé sur une liste de notables, qui pouvaient être réélus indéfiniment ; enfin un Sénat dont les premiers membres furent nommés par les consuls.

« Le plus fort, c'est que les juges criminels et civils étaient nommés par le premier consul, qui par là se trouvait l'unique arbitre des biens et de la vie de tous ».

Au lendemain du coup d'Etat, Siéyès dit :

« Il ne faut pas s'y tromper, Messieurs, nous avons un maître qui sait tout faire, qui peut tout faire et qui veut tout faire. »

Siéyès ne savait pas si bien dire. LaF rance l'apprit à ses dépens.

Telle est l'histoire de ce Dix-Huit Brumaire, qui ouvre l'histoire du xixe siècle. Nous lui devons la dynastie napoléonienne et trois invasions.

S'il y eut peu d'effusion de sang, il ne faut pas en faire gloire à l'usurpateur.

« On sait, dit un historien, que dans le cas où la troupe eût hésité, reculé devant l'infâme besogne, Bonaparte avait une réserve gorgée d'eau-de-vie qui devait sabrer et mitrailler les députés de la nation. L'homme qui venait récemment de faire fusiller les deux mille prisonniers de Gaza, n'eût certainement pas hésité devant cette exécution à la

Toutefois, Bonaparte n'était pas absolument sûr du résultat, et il y avait dans sa tentative une grosse part livrée à l'imprévu.

« Ce qui montre, écrit Michelet, combien le Dix-Huit Brumaire était un coup incertain, hasardeux, c'est que non seulement il dépendait aussi de la volonté des Anglais et de la complaisance qu'ils auraient de garder la lettre de Kléber (lettre arrêtée par eux en mer, écrite le 24 sept. sur la fuite d'Egypte et l'abandon, le dénûment où Bonaparte laissait l'armée ; les Anglais la gardèrent tant qu'ils crurent que Bonaparte rétablirait les Bourbons, et que le Consulat n'était qu'une transition pour frayer le retour du roi) ; mais en outre de l'immobilité de Masséna, de la complaisance qu'il aurait, lui et son armée patriote, de ne pas marcher sur Paris. Cette armée de 80,000 hommes, presque toute sortie de la conscription et qui avait le feu de ses vingt ans, eût marché pour la République du même cœur que contre les Russes.

« Bonaparte n'osa écrire, mais trompa Masséna par d'adroits envoyés qui lui firent croire qu'on n'avait agi que pour sauver la République. Masséna écrivit que « fidèle à la République, il mettait toute sa gloire à la « bien servir, et attachait le plus haut prix à l'estime de « Bonaparte ».

« Trois jours pour aller, trois jours pour venir. Au bout de six ou sept jours, Bonaparte peut se rassurer et recevoir la lettre du simple et crédule Masséna, apprendre que Masséna restait en Suisse, et que Brune, qui avait un peu marché sur Paris, ne quitterait pas la Hollande. Alors, pleinement rassuré, il accomplit ce qu'attendaient sans doute les Anglais et les émigrés, une proscription de Jacobins (1). »

Nous pourrions écrire ici l'histoire du retour de l'île d'Elbe, en 1815, qui est un véritable coup d'Etat militaire. Cette rentrée rapide et triomphale de Napoléon exilé, renversant, par son seul ascendant sur l'armée, la royauté à peine réinstallée, est un des faits les plus curieux de l'histoire.

Nous ne nous y arrêterons pas cependant et nous ne nous occuperons immédiatement que de la tentative de 1830.

1. On sait que M. Thiers a toujours été l'apologiste de la force. A ce propos, dans son *Cours familier de littérature*, Lamartine dit : «... Ceci était nécessaire pour expliquer à M. Thiers, que si Napoléon, dont il absout l'ambition au 18 Brumaire, devait se perdre et nous perdre lui-même plus tard, c'était non par faute de génie, mais par faute d'un droit. Un droit, c'est une inviolabilité ; mais un droit, c'est une limite. Il limite une fortune, mais aussi il limite la folie. Nous faisons donc un grand reproche moral et politique à M. Thiers d'avoir jeté, au début de son histoire, un voile d'amnistie et une pluie de lauriers sur la journée du 18 Brumaire. Cette faute historique le poursuivra partout dans le cours de son récit. On a beau ensevelir la conscience dans un drapeau de victoire, elle n'est pas tuée, et elle se réveille toujours à toutes les crises de l'existence du soldat qui lui a porté un coup d'épée. »

LIVRE III

LES ORDONNANCES DE 1830

LIVRE III

LES ORDONNANCES DE 1830

LE RÈGNE DE CHARLES X

Ce n'est point ici le cas de refaire l'histoire bien connue, si triste d'ailleurs, de la Restauration. Il est nécessaire, toutefois, pour comprendre la signification exacte
du coup d'État tenté par Charles X, de reprendre les
faits à l'avènement de ce roi, en 1824.

Au moment où Louis XVIII rendait le dernier soupir,
les libéraux n'avaient pas de quoi se rassurer, ni en
France, ni dans le reste de l'Europe. La Congrégation
et la Sainte-Alliance triomphaient partout.

En Suisse, absolutisme sous le titre de République.
Influence énorme des jésuites.

En Allemagne, condition de tyrannie sans pareille qui
active le courant d'émigration.

En Italie encore, les baïonnettes autrichiennes pour

suivant les *Carbonari*, supprimant tout ce qui a une origine française.

Aux Pays-Bas, Guillaume Ier, malgré la Constitution qu'il venait de donner, marchait à l'absolutisme.

La Pologne voyait le fonctionnement régulier de ses institutions, mais cela ne devait pas durer. Le grand-duc Constantin se mit bientôt à user de l'arbitraire, des prisons, de la Sibérie, et le czar Alexandre déclara à la Diète que la Nationalité polonaise était un non sens.

Toutefois, en France, on accueille Charles X avec confiance. On lui sait gré de la franchise de ses opinions. Il déclare hautement qu'il n'y a que deux hommes en France qui n'aient pas changé : M. de La Fayette et lui. Sa dévotion ne se cache pas. Sa politesse toute royale plaît.

Il commence par supprimer la censure. Cela était nécessaire pour obtenir la tranquillité intérieure. Il est d'ailleurs favorisé par la nature. La prospérité est générale. Tout se développe avec une incroyable fécondité. A côté du bien-être matériel, il y a un grand mouvement intellectuel, littéraire et scientifique. Ce qui ennoblit ce mouvement, c'est l'enthousiasme pour les principes, enthousiasme pour toutes les œuvres de l'esprit. A chaque nouvelle œuvre, c'est une acclamation universelle, un mouvement et une vie étonnante.

Cependant ceux qui réfléchissent voient bien que la Congrégation ne fait que s'affermir et continuer son œuvre. Différentes ordonnances le prouvent bientôt.

La loi du milliard d'indemnité arrive. On la présente comme un acte d'apaisement. On veut, dit-on, faire cesser les haines et cimenter l'union de la Révolution et de l'ancien régime. Mais ce langage n'est pas tenu à la Chambre. La discussion devient violente. La loi est soutenue avec arrogance. Les Treize luttent avec une énergie et une éloquence incomparables. Jamais Foy ne s'est élevé si haut. Cependant la loi est votée. Alors arrive la loi du trois pour cent, complément forcé. Elle n'est plus obligatoire comme le voulait de Villèle : elle passe, mais ne remplit qu'à demi le but proposé. Le milliard d'indemnité qui tenait tant à cœur aux émigrés ne leur sert à rien. Il passe directement du Trésor dans les mains des créanciers de la noblesse.

Une loi, vraie loi de la féodalité, achève d'exciter les esprits : la loi du sacrilège (1). Absurde dans son essence, cette loi, qui ne fut d'ailleurs jamais appliquée, ne fit qu'exaspérer.

Il s'agissait de liquider la guerre d'Espagne. Ferdinand ne payait pas. Ouvrard réclamait. C'est dans cette discussion que Foy fit sa dernière campagne. Il mourut jeune encore, épuisé par les luttes de la tribune. Une souscription, qui eut immédiatement un immense succès, permit de lui faire des funérailles vraiment nationales.

En face des projets de loi si téméraires des *ultra*, les royalistes sensés se séparèrent et se rangèrent avec Chateaubriand du côté de l'opposition. Alors fut présenté

---

1. M. de Bonald a donné la théorie de cette loi sur le sacrilège, en un mot terrible : « C'est Dieu qui est l'offensé ; renvoyons le coupable devant son juge naturel. » La mort sans phrases !

le projet de loi sur le rétablissement du droit d'aînesse. Des pétitions couvertes de milliers de signatures réclamèrent. Villèle lui-même était opposé. La loi n'en fut pas moins votée; mais les pairs la rejetèrent.

L'excitation religieuse se développe à propos du jubilé de la 25ᵉ année du siècle.

Au milieu de cette agitation survient une dénonciation virulente contre les Jésuites qui pullulent. Le comte de Montlausier, légitimiste, mais Janséniste austère, signe cette attaque. Elle trouve de l'écho partout. Portalis en fait un compte rendu au Conseil d'Etat.

Le gouvernement choisit cet instant où les légitimistes font campagne commune avec les libéraux, pour présenter cette loi sur la presse, appelée par une amère ironie *La loi de justice et d'amour* (1). Tout ce qui existait naguère encore d'entraves à la liberté de la presse se trouve dans cette loi. Elle créait la responsabilité de l'imprimeur. Elle rétablissait la censure préventive abolie. Royer-Collard ne s'est jamais élevé aussi dédaigneusement haut que dans cette discussion. La Bourdonnaie, membre de l'extrême-droite, fit cause commune avec la gauche. Deux cent cinquante imprimeurs pétitionnèrent. L'Académie s'éleva contre l'atteinte portée à la liberté de la presse. La loi fut votée, quand même; mais devant la fermentation extrême, le ministère la retira. Aussitôt on illumina dans Paris.

---

1. M. de Bonald a encore donné la véritable signification de cette loi et a exprimé l'opinion qu'avaient les ultras sur la liberté de la presse : « C'est un impôt sur ceux qui lisent; aussi n'est-elle réclamée que par ceux qui écrivent. »

Peu après, le roi passait une revue de la garde nationale. Des cris de : *A bas les ministres !* se firent entendre. Le lendemain la garde nationale fut licenciée.

, La session se termine sur ces ferments de discorde et le *Journal des Débats* peut s'écrier en parlant de la famille Royale, que « les princes n'ont rien appris, ni rien oublié ».

- En 1827, M. de Villèle dissout la Chambre et ordonne des élections dans douze jours. Manœuvre inutile. Les légitimistes et les libéraux firent alliance contre les *ultra*. A Paris huit députés de l'opposition la plus avancée passèrent. En province, le vote ne fut pas moins favorable. Royer-Collard fut élu dans 7 départements. D'un autre côté, pour conserver la majorité à la Chambre des pairs, de Villèle avait été obligé de faire une fournée de quatre-vingts membres.

Le roi comprit qu'il fallait céder. Il renvoya de Villèle. Après avoir essayé pendant sept ans de faire de l'absolutisme, le gouvernement allait prendre, à contre cœur, il est vrai, un ministère libéral.

M. de Martignac entre au ministère, avec MM. Portalis et Vatmesnil, comme ministre de l'instruction publique. Charles X ouvre les chambres par un discours peu habile. Royer-Collard est nommé président. La Chambre répond au roi par une adresse, où le blâme n'est pas ménagé au précédent ministère.

M. de Martignac et ses collègues se mettent à l'œuvre. Ils décident que des précautions seront prises pour la confection des listes électorales. Le cabinet noir et la censure sont supprimés. Le clergé perd le privilège de l'enseignement. Dès ce moment la droite et le clergé ne cesseront de demander la liberté de l'enseignement. MM. Guyot, Cousin, Villemain reprennent leurs cours à la Sorbonne. Les espérances des libéraux se raniment.

Mais Charles X n'était point d'accord avec son ministère. Il supportait impatiemment M. de Martignac. L'homme qu'il voulait voir à la tête de son gouvernement c'était M. le prince de Polignac, qu'il venait de faire ambassadeur en Angleterre.

M. de Polignac, si nous en croyons un livre intitulé : *Histoire scandaleuse, politique, anecdotique et bigote de Charles X*, était fils de la marquise de Polastron et de Charles comte d'Artois. Elevé dans les derniers temps de la monarchie, et en exil, dans les pures doctrines du pouvoir absolu et du droit divin, il devint de bonne heure un instrument docile aux mains de la Congrégation. C'est pour obéir aux Jésuites qu'il se mêla aux tentatives d'assassinat dirigées contre Bonaparte. Pendant toute la durée de l'Empire, il ne cessa de conspirer. A la Restauration, il se trouva naturellement au nombre des ultra. N'ayant rien oublié, comme eux, il n'avait également rien appris et, poussé par les Jésuites, par l'abbé de Latil, par l'âme de la Congrégation, la duchesse d'Angoulême, il était décidé, s'il arrivait aux affaires, à marcher contre l'opinion publique.

M. de Martignac, battu sur un projet de loi relatif à l'administration des départements et à celle des communes, fut immédiatement sacrifié dans l'esprit du roi.

On prévoyait d'ailleurs le coup d'État. Le général Lamarque, à propos des bruits qui circulaient, rappela qu'en Angleterre aussi on avait essayé de violer la Constitution. Interrompu, il s'écria : « Je dis que les peuples ont aussi leurs coups d'État, et que, bouleversant la terre jusque dans ses entrailles, ils ne laissent sur le sol que de sanglantes ruines. »

Le 22 juillet, le *Drapeau Blanc* disait :

« Plus de nuances intermédiaires ; il ne peut plus exister que deux bannières ennemies.... Républicains, attaquez, si vous l'osez. Royalistes, attaquons, s'ils n'osent pas engager la lutte, et qu'ils soient écrasés sous les pas des combattants, ceux qui auront la téméraire lâcheté de se porter entre les deux armées sans prendre un parti. »

Ce furent les royalistes qui attaquèrent.

Charles X (1), pressé par son entourage, forma le ministère suivant qui parut au *Moniteur* du 9 août :

1. Vaulabelle s'exprime ainsi : « Charles X, dupe de l'erreur commune, espérait trouver dans M. de La Bourdonnaie, le bras qui dompterait la Révolution, la tête dont les conceptions consolideraient le trône et la monarchie sur des bases assez inébranlables pour défier tous les efforts des partis. Ce prince prenait l'apparence pour la réalité : le chef de l'extrême droite manquait de force, il n'était que violent ; la faculté de parler facilement, l'art de discourir sur toute chose, avaient absorbé, annulé chez lui la faculté d'agir, et il devait offrir à son tour l'exemple d'une puissance de tribune incontestable unie à l'impuissance la plus absolue dans la conduite et le maniement des affaires publiques..... « Les formes brusques de M. de La Bourdonnaie fatiguaient, il est vrai, ses collègues. D'ailleurs, nous nous étions attendus à trouver en lui l'énergie que réclamait la gravité des circonstances ; mais son irré-

Affaires étrangères : le prince JULES DE POLIGNAC.

Guerre : le comte DE BOURMONT (1).

Intérieur : le comte DE LA BOURDONNAIE.

Justice : M. COURVOISIER.

Finances : le comte DE CHABROL.

solution continuelle, qui le faisait flotter entre une confiance trop grande et une réserve excessive, nous apprit qu'un hardi chef d'avant-garde pouvait n'être pas propre à la défense d'une place assiégée. Sur ces entrefaites, M. de Courvoisier, sans m'en avoir prévenu, soumit à tous les ministres assemblés entre eux pour traiter d'affaires, la proposition de prier le roi de rétablir la présidence du conseil. Cette proposition ayant été appuyée, M. de La Bourdonnaie se leva aussitôt, et, sans vouloir écouter nos observations, alla sur le champ porter sa démission au roi. » Heureux de se délivrer d'un fardeau trop lourd pour ses forces, en abritant son impuissance derrière une question d'amour-propre, le ministre de l'intérieur refusa opiniâtrement de revenir sur sa détermination. Une ordonnance du 18 novembre donna son portefeuille à M. de Montbel, que M. de Guernon-Ranville, procureur général à Lyon, remplaça au ministère de l'instruction publique. Le même jour, M. de Polignac devenait président du conseil, tandis que M. de La Bourdonnaie, dont la fortune était considérable, acceptait une pension de 12,000 livres, se résignait à aller ensevelir son échec dans le silence de la Chambre des pairs, et disparaissait soudainement de la scène politique, après trois mois et demi de ministère, sans avoir laissé d'autres traces de son passage dans le gouvernement que deux actes : un règlement sur la boucherie de Paris, rédigé par son prédécesseur, et une circulaire sur les marionnettes. »

1. A propos de M. de Bourmont, Chateaubriand écrit : « Le 17 juin 1815, étant à Gand et descendant de chez le roi, je rencontrai au bas de l'escalier un homme en redingote et en bottes crottées qui montait chez Sa Majesté. A sa physionomie spirituelle, à son nez fin, à ses beaux yeux doux de couleuvre, je reconnus le général Bourmont; il avait déserté l'armée de Bonaparte le 14. » (*Mémoires d'outre-tombe.*)

Marine : le vice-amiral DE RIGNY.

. Affaires ecclésiastiques et instruction publique : le baron DE MONTBEL.

C'était le commencement du coup d'État.

LES TENDANCES DE LA COUR

Charles X, en prenant un tel ministère, déclarait par cela même une guerre sans merci à la Révolution. Les noms étaient significatifs. J'ai dit les opinions de M. de Polignac. Le comte de La Bourdonnaie, chef de l'extrême droite, s'était montré un des réacteurs les plus sanguinaires de 1815. M. de Bourmont était un traître. La veille de la bataille de Ligny, il avait passé à l'ennemi emportant les plans de campagne de l'armée française.

L'opinion publique ne se trompa pas un instant et comprit le défi qui lui était jeté. L'indignation fut générale. La presse la traduisit.

« Ainsi, s'écriait le 10 août le *Journal des Débats*, le voilà brisé ce lien d'amour qui unissait le peuple au monarque !

« Voilà encore la cour avec ses vieilles rancunes, l'émigration avec ses préjugés, le sacerdoce avec sa haine de la liberté, qui viennent se jeter entre la France et son roi !

« Ceux qui gouvernent maintenant les affaires voudraient être modérés qu'ils ne le pourraient pas. Les haines que leurs noms réveillent dans tous les esprits sont trop profondes pour n'être pas rendues... Que feront-ils cependant ? Iront-ils chercher un appui dans la force des baïonnettes ? Les baïonnettes aujourd'hui sont intelligentes : elles connaissent et respectent la loi. Malheureuse France ! »

Le *Journal des Débats*, malgré son indépendance, s'était toujours montré attaché aux Bourbons. Cet article n'en était que plus significatif. Il fut déféré à la justice. Cela ne l'empêcha pas de continuer sa campagne ; et le lendemain il publiait sur les hommes du cabinet un nouvel article.

« L'un, disait-il, sort du banc de l'extrême droite où son nom seul suffisait pour arracher un cri d'épouvante à la France... Cet autre, sur quel champ de bataille a-t-il gagné ses épaulettes ? Il y a des services qu'aucun peuple n'a jamais songé à honorer. Polignac est l'homme de Coblentz et de la contre-révolution ; Bourmont, le déserteur de Waterloo, aujourd'hui exposé sur l'échafaud du ministère ; la Bourdonnaie représente la faction de 1815, avec ses amnisties meurtrières, ses lois de proscription, sa clientèle de massacreurs méridionaux... Pressez, tordez ce ministère, il n'en dégoutte qu'humiliations, malheurs et dangers... »

Cet effet, produit par la nomination du nouveau ministère, — effet qui était assez grave pour faire sortir de ses habitudes tranquilles le *Journal des Débats*, — était d'autant plus sensible que la France était absolument préoccupée de travailler et de produire. On ne pouvait citer même un prétexte à violence de la part du pouvoir. Mais point n'était besoin de prétexte pour M. de Polignac et ses collègues ; on voulait rétablir le pouvoir absolu, et on allait directement au but, sans se soucier de provoquer l'opinion !

En police correctionnelle, le *Journal des Débats* fut condamné à 500 francs d'amende et à six mois de prison. La Cour d'appel, sur la défense de Dupin et après trois heures de délibération, prononça un arrêt qui annulait le jugement et renvoyait le journal de la plainte. Dans les considérants, il était dit que « si les expressions de l'article incriminé étaient inconvenantes et manquaient de modération, elles ne constituaient pas le délit d'offense et d'attaque à la dignité royale. »

M. Guizot, dans ses mémoires, raconte que, « lorsqu'au 1er janvier suivant la Cour royale se présenta, suivant l'usage, aux Tuileries, le roi lui parla avec une sécheresse marquée ; et comme, en arrivant devant la Dauphine, le premier président se disposait à lui adresser son hommage :

« Passez, passez ! » lui dit-elle brusquement.

En passant, M. le président Séguier demanda au maître des cérémonies, M. de Rochemore :

« Monsieur le Marquis, pensez-vous que la Cour doive inscrire la réponse de la princesse sur ses registres ? »

Une ordonnance du 6 janvier convoqua la Chambre pour le 2 mars. La presse se préoccupa de ce qu'elle ferait en face du nouveau cabinet. Les journaux royalistes provoquaient les députés, les mettant au défi de refuser le budget.

Le 3 janvier, parut un journal nouveau destiné à soutenir les idées libérales. *Le National,* fondé par

MM. Thiers, Naquet et Armand Carrel, commença une campagne contre le pouvoir personnel. Il soutint la thèse célèbre . « Le roi règne et ne gouverne pas. » Sur les dénonciations du *Drapeau Blanc*, deux numéros du *National* (1) furent saisis.

Le 2 mars, l'ouverture de la session eut lieu. Après les formalités d'usage, Charles X lut son discours :

« .... La Charte, dit-il, a placé les libertés publiques sous la sauvegarde des droits de ma couronne : ces droits sont sacrés. Mon devoir envers mon peuple est de les transmettre intacts à mes successeurs.

« Pairs de France, Députés des départements,

« Je ne doute pas de votre concours pour opérer le bien que je veux faire. Vous repousserez avec mépris les perfides insinuations que la malveillance cherche à propager. Si de coupables manœuvres suscitaient à mon gouvernement des obstacles que je ne peux prévoir ici, que je *ne veux pas prévoir*, je trouverais la force de les surmonter dans ma résolution de maintenir la paix publique, dans la juste confiance des Français et dans l'amour qu'ils ont toujours montré pour leur roi. »

La Chambre, de bonne foi, songea à détourner le roi de ses desseins. Elle crut qu'elle serait écoutée cette fois comme elle l'avait été en janvier 1828, lors du remplacement de M. de Villèle par M. de Martignac. Elle chargea Royer-Collard de rédiger l'adresse au roi.

---

1. « Le patron du *National*, dit Chateaubriand, M. le prince de Talleyrand, n'apportait pas un sou à la caisse ; il souillait seulement l'esprit du journal en versant au fonds commun son contingent de trahison et de pourriture. »

Cette adresse, très respectueuse dans la forme, très ferme au fond, exposait les sentiments de défiance soulevés par le nouveau ministère. Elle déclarait qu'en cette situation, la Chambre se verrait forcée de refuser son concours au cabinet. Votée par deux cent vingt et un membres de la Chambre, cette adresse fut portée au roi par Royer-Collard.

Le roi répondit :

« Monsieur, j'ai entendu l'adresse que vous me présentez. J'avais le droit de compter sur le concours des deux Chambres pour accomplir tout le bien que je méditais ; mon cœur s'afflige de voir les députés des départements déclarer que, de leur part, ce concours n'existe pas.

« Messieurs, j'ai annoncé mes résolutions dans mon discours d'ouverture de la session : mes résolutions sont immuables ; l'intérêt de mon peuple me défend de m'en écarter.

« Mes ministres vous feront connaître mes intentions. »

La Chambre s'était trompée, le discours du trône était un acte du pouvoir personnel et le roi ne reculait pas devant la lutte.

Charles X, loin d'être ébranlé, fut affermi dans ses résolutions par l'adresse des 221. Il prononça la dissolution de la Chambre et, se laissant entraîner par la passion, dénonça dans une sorte de manifeste les auteurs et les signataires de l'adresse comme des rebelles.

Dès lors il posait nettement les élections sur le terrain plébiscitaire et disait aux électeurs de voter pour ou contre lui. Jeu dangereux à jouer, quand on va à l'aveuglette et qu'on est poussé dans cette voie par des hommes qui ne connaissent pas le pays.

Pour obtenir un résultat, on mit tout en campagne. L'administration se livra, sur les listes électorales, à un travail de falsification audacieux. Une armée de fonctionnaires stylés et dressés fut lancée sur les départements. Tout ce qui était suspect de libéralisme fut soigneusement mis à l'écart (1).

1. A propos du nouveau ministère, Vaulabelle écrit : « Non seulement M. de Peyronnet accepta sans hésiter la succession de MM. de La Bourdonnaie, de Martignac et Corbière, mais il consentit à abandonner le travail des prochaines élections à M. Capelle, préfet de Versailles, sorte d'homme d'affaires de Charles X, son agent particulier, pour ainsi dire, dont on vantait la dextérité dans la direction et le maniement des opérations électorales et pour lequel on créait ún département, celui des travaux publics. La pensée d'un recours éventuel au pouvoir dictatorial enfermé dans l'article 14, venait de décíder la retraite des deux ministres : Charles X et le président du conseil, avant de rendre officiels les nouveaux choix, voulurent connaitre les dispositions de MM. de Chantelauze, Capelle et de Peyronnet, dans le cas où ce recours deviendrait indispensable : la question leur fut soumise ; tous les trois répondirent que les ordonnances rendues, en vertu de cet article « pour la sûreté de l'Etat », leur sembleraient parfaitement constitutionnelles. M. de Peyronnet ajouta que, depuis longtemps, il avait la profonde conviction que l'emploi des mesures extraordinaires autorisées par l'article 14 était pour le Gouvernement le seul moyen d'échapper à sa ruine.....

« Ce fut le 19 mai, trois jours après l'ordonnance de dissolution, que ces arrangements préparés, convenus entre le roi, son fils et M. de Polignac, en dehors et à l'insu du cabinet, reçurent la consécration du *Moniteur*. M. de Chantelauze était nommé ministre de la justice en remplacement de M. de Courvoisier ; M. de Montbel, ministre de l'intérieur, prenait aux finances la place de M. de Chabrol ; M. de Peyronnet remplaçait à l'intérieur M. de Montbel ; M. Capelle recevait le titre de ministre des travaux publics. »

Le clergé ne perdait point son temps. Il avait entre ses mains l'instruction. Par ses aumôniers, il menait les régiments. Il fit de longues processions escortées de soldats. Les évêques lancèrent des mandements, ordonnèrent des prières. Enfin toutes ressources matérielles et spirituelles furent mises en œuvre.

Les moyens de pression sont toujours les mêmes, quel que soit le gouvernement qui les emploie.

Le résultat fut d'autant plus foudroyant que les efforts de la part des ministres avaient été plus grands. Les élections du 23 juin donnèrent, sur cent quatre-vingt-dix-huit députés, cent quarante-une nominations à l'opposition. Il manquait vingt départements.

Le ministère donna sa démission. Charles X la refusa, bien que la victoire des libéraux eût été aussi éclatante dans le reste des colléges, victoire qui portait les deux cent vingt-un à deux cent soixante-quatre.

« Charles X, dit M. Lavallée, avait commis une imprudence en ne renvoyant pas au mois de mars un ministère qui ne pouvait pas vivre en accord avec les représentants de la nation. Trois mois plus tard, il appelle le peuple à prononcer entre le gouvernement et la représentation nationale ; le peuple juge contre le gouvernement. Jusque-là Charles X avait usé peut-être trop rigoureusement de son droit, mais il n'était pas sorti des voies constitutionnelles ; il avait suivi, un peu tardivement, le conseil renfermé dans l'adresse des deux cent vingt et un. Maintenant il était arrivé au point où la sincérité du régime parlementaire veut que le monarque sacrifie ses ministres à la volonté nationale. Il commit la faute de dépasser ce point et, comme au-delà il n'y avait plus rien que l'illégalité, il se jeta dans l'illégalité. »

« Je lutterai, dit Charles X ; j'aime mieux monter à cheval qu'en charrette. »

Et il alla droit au coup d'Etat.

III

LES ORDONNANCES

Dans le conseil des ministres, deux hommes seulement tentèrent de prêcher la modération : de Peyronnet et de Guernon-Ranville ; encore leurs arguments étaient-ils seulement tirés de l'inopportunité des mesures préparées et se laissèrent-ils promptement convaincre. Ce fut même de Peyronnet qui prépara l'ordonnance sur le nouveau système électoral imaginé. C'est à M. de Chantelauze qu'incomba la tâche de préparer à la fois l'ordonnance sur la presse et le rapport. Ce rapport précédant les ordonnances devait essayer de justifier les mesures prises et la violation de la Charte (1).

Les décisions arrêtées en conseil, le plus grand secret fut recommandé. On affecta dans l'entourage du roi de se

---

1. « Ils avaient appelé, dit Vaulabelle, à la préfecture de police M. Mangin, ce fougueux procureur général de Poitiers dont la violence et les rigueurs, lors du procès Berton, étaient encore dans toutes les mémoires ; ils rendaient l'activité au général Clouet, déserteur de Waterloo, comme M. de Bourmont ; ils replaçaient M. de Lourdoueix, l'instrument aveugle de tous les coups frappés par M. Corbière, ainsi que les différents administrateurs sacrifiés aux plaintes de l'opinion par les cabinets précédents, entre autres M. Locard, ce préfet du Cantal, dont le zèle avait amené l'arrestation du maréchal Ney. »

préoccuper uniquement de la réunion des Chambres qui devait avoir lieu le 3 août. On expédia même les lettres de convocation. Malgré tout, le secret transpirait dans le public et une vive anxiété se manifestait de façon à paralyser toutes les affaires.

Le lundi 26 juillet, *le Moniteur* parut avec le rapport au roi de M. de Chantelauze et les ordonnances. Elles étaient, ainsi que le rapport, signées de tous les ministres. Ce long factum, dont nous allons donner des extraits, n'était fait en résumé que pour dire ceci : que le moment était venu de recourir à des mesures en *dehors de l'ordre légal* afin de rentrer dans *l'esprit de la Charte et de sauver la société.*

C'est toujours la même théorie : les faiseurs de coups d'Etat sauvent toujours la société.

Voici des extraits de ce rapport :

« Sire, vos ministres seraient peu dignes de la confiance dont Votre Majesté les honore, s'ils tardaient plus longtemps à placer sous vos yeux un aperçu de notre situation intérieure, et à signaler à votre haute sagesse les dangers de la presse périodique.

« A aucune époque, depuis quinze années, cette situation ne s'était présentée sous un aspect plus grave et plus affligeant. Malgré une prospérité matérielle dont nos annales n'avaient jamais offert d'exemple, des signes de désorganisation et des symptômes d'anarchie se manifestent sur presque tous les points du royaume.

« Les causes successives qui ont concouru à affaiblir les ressorts du gouvernement monarchique tendent aujourd'hui à en altérer et à en changer la nature : déchue de sa force normale, l'autorité, soit dans la capitale, soit dans les provinces, ne lutte plus qu'avec désavantage contre les factions ; des doctrines pernicieuses et subversives, hautement professées, se répandent et se propagent dans toutes les classes de la population ; des inquiétudes, trop généralement accréditées, agitent les esprits et tourmentent la société. De toutes parts on demande au présent des gages de sécurité pour l'avenir.

« Une malveillance active, ardente, infatigable, travaille à ruiner tous les fondements de l'ordre et à ravir à la France le bonheur dont elle jouit sous le sceptre de ses Rois. Habile à exploiter tous les mécontentements et à soulever toutes les haines, elle fomente, parmi les peuples, un esprit de défiance et d'hostilité envers le pouvoir, et cherche à semer partout des germes de trouble et de guerre civile.....

« La presse a jeté le désordre dans les intelligences les plus droites, ébranlé les convictions les plus fermes, et produit, au milieu de la société, une confusion de principes qui se prête aux tentatives les plus funestes. C'est par l'anarchie dans les doctrines qu'elle prélude à l'anarchie dans l'Etat.

« Il est digne de remarque, Sire, que la presse périodique n'a pas même rempli sa plus essentielle condition : celle de la publicité. Ce qui est étrange, mais ce qui est vrai à dire, c'est qu'il n'y a pas de publicité en France, en prenant ce mot dans sa juste et rigoureuse acception. Dans l'état des choses, les faits, quand ils ne sont pas entièrement supposés, ne parviennent à la connaissan-

ce de plusieurs millions de lecteurs que tronqués, défigurés, mutilés de la manière la plus odieuse. Un épais
nuage, élevé par les journaux, dérobe la vérité et intercepte en quelque sorte la lumière entre le gouvernement et les peuples......

« Ce n'est pas tout, la presse ne tend pas à moins
qu'à subjuguer la souveraineté et à envahir les pouvoirs
de l'Etat. Organe prétendu de l'opinion publique, elle
aspire à diriger les débats des deux Chambres, et il est
incontestable qu'elle y apporte le poids d'une influence
non moins fâcheuse que décisive. Cette domination a
pris, surtout depuis deux ou trois ans, dans la Chambre
des députés, un caractère manifeste d'oppression et de
tyrannie. On a vu, dans cet intervalle de temps, les journaux poursuivre de leurs insultes et de leurs outrages
les membres dont le vote leur paraissait incertain ou
suspect. Trop souvent, Sire, la liberté des délibérations
dans cette Chambre a succombé sous les coups redoublés
de la presse.

« On ne peut qualifier en termes moins sévères la
conduite des journaux de l'opposition dans des circonstances plus récentes. Après avoir eux-mêmes provoqué
une adresse attentatoire aux prérogatives du trône, ils
n'ont pas craint d'ériger en principe la réélection des
deux cent vingt-un députés dont elle est l'ouvrage. Et
cependant, Votre Majesté avait repoussé cette adresse
comme offensante ; elle avait porté un blâme public sur
le refus de concours qui y était exprimé ; elle avait annoncé sa résolution immuable de défendre les droits de
sa couronne, si ouvertement compromis. Les feuilles pé-

riodiques n'en ont pas tenu compte ; elles ont pris, au contraire, à tâche de renouveler, de perpétuer et d'aggraver l'offense. Votre Majesté décidera si cette attaque téméraire doit rester plus longtemps impunie....

« La presse périodique n'a pas mis moins d'ardeur à poursuivre de ses traits envenimés la religion et le prêtre. Elle veut, elle voudra toujours déraciner dans le cœur des peuples jusqu'au dernier germe des sentiments religieux. Sire, ne doutez pas qu'elle n'y parvienne, en attaquant les fondements de la foi, en altérant les sources de la morale publique, et en prodiguant à pleines mains la dérision et le mépris aux ministres des autels....

« L'insuffisance ou plutôt l'inutilité des précautions établies dans les lois en vigueur est démontrée par les faits. Les hommes paisibles, les gens de bien, les amis de l'ordre élèvent vers Votre Majesté des mains suppliantes. Tous lui demandent de les préserver du retour des calamités dont leurs pères ou eux-mêmes eurent tant à gémir. Ces alarmes sont trop réelles pour n'être pas écoutées, ces vœux sont trop légitimes pour n'être pas accueillis.

« Il n'est qu'un seul moyen d'y satisfaire, c'est de rentrer dans la Charte. Si les termes de l'article 8 sont ambigus, son esprit est manifeste. Il est certain que la Charte n'a pas concédé la liberté des journaux et des écrits périodiques. Le droit de publier ses opinions personnelles n'implique sûrement pas le droit de publier, par voie d'entreprise, les opinions d'autrui. L'un est l'usage d'une faculté que la loi a pu laisser libre ou soumettre à des restrictions, l'autre est une spéculation d'industrie qui, comme les autres et plus que les autres, suppose la surveillance de l'autorité publique....

« Maintenant, Sire, il ne reste plus qu'à se demander comment doit s'opérer ce retour à la Charte et à la loi du 21 octobre 1814. La gravité des conjonctures présentes a résolu cette question.

« Il ne faut pas s'abuser. Nous ne sommes plus dans les conditions ordinaires du gouvernement représentatif. Les principes sur lesquels il a été établi n'ont pu demeurer intacts au milieu des viciscitudes politiques. Une démocratie turbulente, qui a pénétré jusque dans nos lois, tend à se substituer au pouvoir légitime. Elle dispose de la majorité des élections par le moyen de ses journaux et le concours d'affiliations nombreuses. Elle a paralysé, autant qu'il dépendait d'elle, l'exercice régulier de la plus essentielle prérogative de la couronne, celle de dissoudre la Chambre élective. Par cela même, la Constitution de l'Etat est ébranlée : Votre Majesté seule conserve la force de la rasseoir et de la raffermir sur ses bases.

« Le droit, comme le devoir, d'en assurer le maintien, est l'attribut inséparable de la souveraineté. Nul gouvernement sur la terre ne resterait debout s'il n'avait le droit de pourvoir à sa sûreté. Ce pouvoir est préexistant aux lois, parce qu'il est dans la nature des choses. Ce sont là, Sire, des maximes qui ont pour elles et la sanction du temps et l'aveu de tous les publicistes de l'Europe.

« Mais ces maximes ont une autre sanction plus positive encore, celle de la Charte elle-même. L'article 14 a investi Votre Majesté d'un pouvoir suffisant, non sans doute pour changer nos institutions, mais pour les consolider et les rendre plus immuables.

« D'impérieuses nécessités ne permettent plus de différer l'exercice de ce pouvoir suprême. Le moment est venu de recourir à des mesures qui rentrent dans l'esprit de la Charte, mais qui sont en dehors de l'ordre légal dont toutes les ressources ont été inutilement épuisées.

« Ces mesures, Sire, vos ministres, qui doivent en assurer le succès, n'hésitent pas à vous les proposer, convaincus qu'ils sont que force restera à la justice.

« Nous sommes, avec le plus profond respect,

Sire, de Votre Majesté les très-humbles et très-fidèles sujets

Le Président du Conseil des Ministres, prince de Poli-gnac. *Le Garde des Sceaux, Ministre Secrétaire d'Etat de la justice*, Chantelauze. *Le Ministre Secrétaire d'Etat de la Marine et des Colonies*, baron d'Haussez. *Le Min stre Secrétaire d'Etat de l'intérieur*, Comte de Peyronnet. *Le Ministre Secrétaire d'Etat des finances*, Montbel. *Le Ministre Secrétaire d'Etat des affaires ecclésiastiques et de l'instruction publique*, Comte de Guernon-Ranville. *Le Ministre Secrétaire d'Etat des travaux publics*, baron Capelle (1).

---

1. « Cette audace des hommes, dit Chateaubriand, les plus faibles qui furent jamais contre cette force qui allait broyer un empire, ne s'explique que par une sorte d'hallucination, résultat des conseils

Les ordonnances étaient au nombre de cinq.

La première supprimait la liberté de la presse périodique. Tous les journaux, tous les recueils, toutes les revues étaient désormais soumis à l'autorisation préalable, et cette autorisation, d'ailleurs révocable à tout instant, devait être renouvelée tous les trois mois. Le livre n'échappait à cette autorisation préalable que lorsqu'il avait plus de 320 pages. Au-dessous, il ne pouvait paraître qu'avec l'autorisation du ministre ou des préfets.

C'était, comme on le voit, la mort sans phrases de la presse.

La seconde ordonnance dissolvait la Chambre des députés, récemment élue, et qui n'avait pas encore pris séance.

La troisième changeait le système électoral en enlevant aux patentés la qualité d'électeurs et ne laissant sur les listes que les grands propriétaires.

La quatrième convoquait les colléges électoraux ainsi reconstitués et épurés pour le 13 septembre.

Enfin la cinquième faisait entrer au Conseil d'Etat une fournée d'ultras. Il faut signaler parmi ces nouveaux conseillers, soigneusement triés par les Jésuites, parmi leurs instruments les plus tarés et par suite les plus dociles : Delavau, encore couvert du sang versé dans la rue Saint-Denis ; Dudon, un tripoteur véreux ; Forbus des Esnarts ; Cornet d'Incourt ; Vaublanc, etc.

d'une misérable coterie que l'on ne trouva plus au moment du danger. »

IV

LA RÉSISTANCE. — LA RÉVOLUTION DE 1830

Bien qu'on s'attendît, à Paris, à des mesures violentes, on ressentit, de la publication de ces documents, une émotion profonde. On éprouva même, dans le premier moment, une sorte de stupeur et la journée du 26 juillet s'écoula dans un calme relatif. Au Palais-Royal, dans le quartier des écoles, quelques jeunes gens haranguèrent le public sans créer une agitation sérieuse. On sentait une sourde fermentation, mais, extérieurement, elle se manifestait encore peu.

Le signal de la résistance au coup d'Etat partit de la presse. Les journalistes se réunirent dans les bureaux du *National* et, après une longue discussion, rédigèrent la célèbre *Protestation*. Il y avait, dans les journalistes, deux camps : MM. Thiers et Mignet, au *National*, voulaient organiser une résistance légale par le refus de l'impôt, moyen peu pratique. A la *Tribune*, on voulait plus simplement et plus nettement la solution, en parlant de déployer le drapeau tricolore et d'appeler le peuple aux armes. La *Protestation*, faite d'un commun accord, était en tous cas un acte courageux.

Il est à remarquer que ce fut surtout la bourgeoisie

qui commença la lutte contre le pouvoir (1). Pendant que Bavoux, Danou, Villemain, de Schonen, Casimir Perier se réunissaient chez Delaborde, les grands industriels fermaient leurs ateliers et jetaient ainsi les ouvriers dans la rue. Les journaux n'avaient plus la possibilité matérielle de paraître. *Le Courrier Français*, *le Journal du Commerce* et *le Journal de Paris* obtinrent du Président du tribunal de première instance, M. Debelleyme, une ordonnance qui prescrivait aux imprimeurs de prêter leurs presses aux journaux non autorisés.

Le 27, l'action s'engagea plus décisive. Le *National*, le *Temps*, le *Globe* parurent malgré les ordonnances. Les étudiants et les ouvriers se mirent à parcourir les rues populeuses en criant : *vive la Charte !* Le ministère, qui n'avait point pris ses mesures, pensa alors à charger un général de maintenir l'ordre. Il choisit un des hommes les plus impopulaires, le duc de Raguse. On discutait toujours la question de savoir si on en viendrait à une prise d'armes, et la question se trouvait tranchée dans les réunions populaires, tandis que MM. Thiers, Sebastiani, Dupin, Casimir Périer prêchaient encore le calme (2). Leurs conseils se perdaient

1. Il est à remarquer que la chambre de Paris ne manifesta pas son existence au milieu des événements, et Chateaubriand a eu raison d'écrire à propos d'elle : « Il y avait une impatience de parjure dans cette assemblée que poussait une peur intrépide ; chacun voulait sauver sa guenille de vie, comme si le temps n'allait pas, dès demain, nous arracher nos vieilles peaux dont un juif bien avisé n'aurait pas donné une obole. »

2. « Carrel résista ; MM. Thiers et Mignet croyant la partie perdue, disparurent pendant deux jours : M. Thiers alla se cacher dans la

et le temps passait en discussions inutiles. La bourgeoisie était décidée à payer de sa personne et on la voyait déjà mêlée aux attroupements que la cavalerie essayait de refouler. La première barricade se dressa près du Théâtre-Français et dans la nuit il en surgit de tous côtés.

Le 28 au matin, on sentit qu'il ne s'agissait plus d'une émeute mais bien d'une Révolution. Les armes apparaissaient dans toutes les mains. Les députés, les hommes politiques en distribuaient publiquement. Les élèves de l'École Polytechnique, dont Charas avait offert à Laffitte le concours la veille, étaient licenciés et se mettaient en uniforme à la tête des ouvriers. La garde nationale, dissoute depuis 1827, reparaissait aussi en uniforme. Le tocsin sonnait aux églises. En un mot, la bataille s'engageait et le ministère avait pour résister des Suisses impopulaires et la garde royale vendant chèrement leur vie, mais aussi des troupes de ligne combattant mollement et à regret.

Il n'entre point dans notre cadre de raconter par le menu la Révolution de 1830 ; nous ne rappelons ces faits que pour caractériser l'échec du coup d'État tenté.

Dès le 28, la cause du roi était perdue et quand, le 29, Marmont, battu partout, dirigea ce qui lui restait de

---

vallée de Montmorency chez une madame de Curchamps, parente des deux MM. Becquet... Supérieur à MM. Thiers et Mignet, Carrel avait la simplicité de se regarder à l'époque où je me liai avec lui comme venant après les écrivains qu'il devançait : il soutenait, avec son épée, les opinions que ces gens de plume dégaînaient. » (Chateaubriand.)

troupes vers les hauteurs de Saint-Cloud où se trouvait la
Cour, la Révolution était maîtresse de Paris.

Charles X avait été tout d'abord stupéfait du résultat
des ordonnances, sans croire cependant que les événements prendraient cette gravité. En apprenant le retour
de Marmont, il vit que la situation était tout à fait critique
et se résigna à céder et à retirer les ordonnances.
M. de Sémainville fut chargé d'aller porter cette nouvelle à l'Hôtel de Ville, où siégeait une commission municipale faisant fonction de gouvernement. « Il est trop
tard ! lui cria Schonen ; le trône de Charles X s'est
écroulé dans le sang. »

Vingt-quatre heures plus tard, Charles X prenait la
route de Rambouillet et le chemin de l'exil.

Le coup d'État avait avorté.

Nous étudierons les causes de cet échec.

Les ministres de Charles X, organisateurs de cette
tentative, furent traduits par décision de la Chambre des
députés du 23 septembre devant la cour des pairs. Leur
procès s'ouvrit le 15 décembre. Tous les accusés furent
déclarés coupables du crime de trahison et condamnés à
la prison. Le prince de Polignac, qui avait la plus lourde
part de responsabilité, fut en outre déclaré déchu de ses
titres, grades et ordres et mort civilement.

Le peuple, logique, n'avait cessé, pendant tous les
débats, de demander la tête des coupables.

LIVRE IV

LE 2 DÉCEMBRE 1851

LIVRE IV

LE 2 DÉCEMBRE 1851

I

LES FAUTES DE LA RÉPUBLIQUE

« En apprenant la chute de Louis-Philippe, dit M. de la Guéronnière, le prince Louis dit à sa cousine lady Douglas : « Avant un an, je serai à la tête de la France. » Le 10 décembre 1848, cette prédiction était réalisée. »

Lors de son débarquement à Boulogne, le prince Louis, accourant d'Angleterre remplir le mandat de représentant du peuple qui venait de lui être confié par les électeurs de plusieurs départements, afficha la proclamation suivante sur tous les murs :

« Français, mes chers Concitoyens !

« Je viens répondre à l'appel que vous avez fait à

6

« mon patriotisme. La mission que vous m'imposez est
« glorieuse, et je la saurai remplir. Pénétré de recon-
« naissance pour l'affection que vous me témoignez, je
« vous apporte toute ma vie, toute mon âme ; elles vous
« appartiendront désormais, comme vous appartenaient
« celles de cet homme dont la gloire, patrimoine de tous,
« est venue de son reflet signaler à vos suffrages mon
« dévouement, que jusqu'à ce jour on avait condamné à
« l'obscurité, mais que je saurais rendre éclatant, si des
« dangers menaçaient jamais la commune patrie.

« *Frères et Citoyens*, ce n'est pas *un prétendant* que
« vous recevez au milieu de vous. Ce n'est pas inutile-
« ment que j'ai médité dans l'exil. UN PRÉTENDANT, C'EST
« UN FLÉAU : je ne serai jamais le vôtre ; je ne serai ja-
« mais ni ingrat, ni INFAME. C'est comme RÉPUBLICAIN,
« DÉMOCRATE SINCÈRE ET ARDENT que je me présente à
« vous. Je prends la grande ombre de l'homme du siècle
« à témoin des promesses que je fais ici solennellement :
« Je serai, comme je le fus toujours, l'enfant de la
« France.

« Dans chaque Français, je verrai toujours un frère.
« Les droits de chacun seront mes droits.
« La RÉPUBLIQUE DÉMOCRATIQUE sera *l'objet* de MON
« CULTE ; J'EN SERAI LE PRÊTRE.

« Jamais je n'essaierai de m'envelopper dans la pour-
« pre impériale.

« *Que mon cœur se dessèche en ma poitrine*, le jour
« où j'oublierai ce que je vous dois à tous, ce que je
« dois à la France.

« *Que ma bouche se ferme pour toujours*, si je pro-

« nonçais jamais un mot, un BLASPHÈME, contre la sou-
« veraineté RÉPUBLICAINE du peuple français.

« Que je sois MAUDIT, le jour où par faiblesse je per-
« mettrais qu'on propageât, à l'abri de mon nom, des
« doctrines contraires au principe démocratique qui doit
« diriger le gouvernement de la République !

« *Que je sois condamné aux gémonies*, le jour où,
« coupable et traître, j'essaierais de porter une main sa-
« crilège sur les droits du peuple, *soit de son aveu en*
« *le trompant, soit contre son vœu, par la force ou la*
« *violence !*

« Et maintenant, croyez en moi comme je crois en
« vous, et qu'un même cri sorte de nos poitrines, comme
« une prière adressée au ciel :

« VIVE A JAMAIS LA RÉPUBLIQUE !

« LOUIS BONAPARTE. »

Le 2 décembre 1851, Louis Bonaparte, traître et parjure, renversait par un coup de force la République.

Nous allons esquisser rapidement ces événements dont
les principaux sont encore présents à la mémoire de
beaucoup.

Sans refaire l'histoire de la Révolution de 1848, il faut
rappeler ici les fautes commises, fautes qui ont amené
la situation de 1851. De même que le dix-huit Brumaire
a pu se produire presqu'au milieu de l'indifférence populaire, parce que la réaction de Thermidor et l'incapacité
du Directoire avaient fini par lasser tout le monde, de

même les actes du gouvernement provisoire, puis des Assemblées constituante et législative, avaient amené la
nation à un état d'indifférence et d'apathie dont les intrigants devaient profiter. Tout avait été essayé pour
faire détester la République. Après les journées de juin,
on avait eu l'expédition de Rome à l'extérieur, puis une
seconde expédition de Rome à l'intérieur (1). Les lois sur
l'enseignement, sur la déportation, contre le droit de
réunion, contre la presse, la loi du 31 mai, continuent la
politique de provocation et de répression inaugurée depuis juin. La loi du 31 mai faisait dépendre le droit d'é-
lection de la constatation du domicile, et cette constatation
de l'inscription des citoyens au rôle de la taxe personnelle ou de la prestation en nature, et elle exigeait un
domicile de deux ans. En résumé, cette loi chassait du
scrutin la classe ouvrière. L'ouvrier n'avait, étant donnée
la situation industrielle, qu'un domicile variable comme la
commande, et son véritable logis étaient souvent le chan-
tier. Elle frappait également une foule de gens laborieux et
peu riches qui, dans les grandes villes ou dans les communes dotées de l'octroi, ne sont inscrits ni sur le rôle des
contributions, ni sur celui de la prestation en nature. On

1. « Il faut recommencer l'expédition de Rome à l'intérieur ; il
faut entreprendre contre le socialisme qui nous menace et nous
dévore, une campagne comme l'expédition de Rome....

« En faisant cela, nous ne ferons que continuer la bataille de juin
1848, la campagne que le général Cavaignac a si noblement et si
heureusement conduite. » Ainsi s'exprimait M. de Montalembert,
dans la séance du 22 mai 1850, et c'est de ce discours que date cette
expression : *Expédition de Rome à l'intérieur*, expression servant
à désigner la réaction qui a suivi cette époque.

estime à trois millions le chiffre des citoyens qui se trou-
vèrent rayés des listes électorales.

Cette loi qui frappait le suffrage universel, après la
liberté, achevait de détruire l'œuvre de Février 1848.

Les hommes de la rue de Poitiers, enivrés par ce succès,
crurent qu'ils en avaient fini une bonne fois avec le socialisme et la République. Il leur semblait qu'ils n'avaient
plus qu'un obstacle au rétablissement de la monarchie, le
Président. Celui-ci, de son côté, ne dissimulait pas son
ambition et ses amis commençaient à arborer ouvertement en face du drapeau de la Royauté celui de l'Empire. Changarnier, qui était naguère dévoué à Bonaparte
au point de tenir ce propos « qu'il lui serait aussi facile
de rétablir l'Empire que de faire un cornet de bonbons »,
devint le chef de la coalition royaliste.

La politique personnelle du président s'étala dès lors
au grand jour (1). Les voyages dans les arrondissements
furent multipliés. Il passa des revues. A propos de
la revue de Satory, voici ce qu'écrivent les auteurs du
Dictionnaire de la Révolution : « Il faut avoir habité
Paris à cette époque pour se rendre compte de l'effet
que cette revue produisit sur la population parisienne.
Dès le matin, les gares des chemins de fer avaient été
envahies, et tous les véhicules disponibles mis en réqui-
sition. Nous nous rappelons que le train d'une heure de
la rive gauche était tellement garni de monde que des

1. « Ou nous nous trompons fort, dit Mayer, ou les premiers
germes du coup d'Etat qui devait éclater dix mois plus tard cou-
vèrent dès lors et devinrent une volonté arrêtée. »

6.

voyageurs étaient descendus sur la voie pour aider à pousser le train. Ce jour-là, la population parisienne s'attendait à voir Louis-Napoléon, proclamé empereur, revenir à la tête de l'armée. Le soir, quand on apprit que l'armée n'avait fait que crier *Vive l'empereur !* on se déclara presque satisfait. Pour nous qui nous souvenons de cette époque, nous nous rappelons l'inquiétude qui agitait la population, le malaise que cet état d'incertitude faisait peser sur les esprits, et la difficulté des transactions commerciales. *Il faut que cela finisse d'une façon ou d'une autre*, disait-on de toutes parts. »

Lorsque, le 14 juillet, l'Assemblée se prorogea, dans le monde de l'Elysée le coup d'État était décidé en principe. Le Président, entouré d'hommes avides, impatients et sans scrupules, était stimulé par eux. Son ambition qui ne demandait qu'à se faire jour était excitée par leurs propos. On affichait le mépris du parlementarisme. On se moquait de l'Assemblée, ouvertement, faisant constamment appel contre elle à la force. Les journaux à la solde ne gardaient plus dans leur langage la moindre mesure. C'étaient des provocations continuelles, écrites sur un ton de violence absolument inconnu. Granier de Cassagnac donnait le ton dans *le Constitutionnel* (1). A chaque

1. « La révision de la Constitution doit avoir lieu nonobstant le bon plaisir des 188 socialistes, terroristes, légitimistes, orléanistes, sophistes coalisés contre la France entière, écrivait Granier de Cassagnac dans le *Constitutionnel*. Il ne faut ni les compter, ni les écouter, ni les craindre. Il n'y a qu'une chose qui puisse égaler en énormité l'outrecuidance d'une pareille prétention : c'est la sottise de ceux qui consentiraient à la subir. La prescrip-

instant, c'était une nouvelle insulte à l'Assemblée, et l'impunité qui couvrait ces injures était plus insultante encore pour les députés que l'article lui-même. La scandaleuse protection du pouvoir ne se dissimulait même pas et elle éclatait aux yeux de tous, quand on voyait la moindre attaque au Président, formulée dans la presse opposante, poursuivie avec la plus extrême rigueur.

Bonaparte se sentait donc assez fort pour tenter son coup de force et s'il retardait encore c'était uniquement parce qu'il voulait une occasion.

Il trouvait peut-être aussi que la bourgeoisie n'était pas assez à sa merci. Ses écrivains à gage furent chargés de l'amener au point d'affolement désiré. Romieu, un sinistre farceur de ce temps (1), dont l'Empire fit plus tard un personnage, écrivit alors une brochure intitulée le *Spectre Rouge*. Il s'agissait d'épouvanter la classe moyenne, le commerce, l'industrie, en leur faisant entrevoir une jacquerie imminente et les amener à se jeter dans les bras du sauveur. Ce triste pamphlet est le plus honteux document de toute cette histoire. C'est un tissu de mensonges odieux et de prétendues considérations philosophiques, écrit sur un ton tantôt larmoyant, tantôt mélodramatique. Les images les plus épouvantables étaient

tion de l'article 111, qui exige les trois quarts des votants, est l'œuvre anormale, intolérable d'une Assemblée méprisée. » (G. de Cassagnac.)

1. « Un de ses amis, écrit Taxile Delord, l'ayant vu tomber dans la rue à la suite de trop fortes libations, mit sur son corps un de ces lampions qui servent à désigner, la nuit, les embarras aux voitures. »

présentées de sang-froid aux esprits crédules : « Super flumina Babylonis !.. Ils sont là ces prolétaires qui chantent le cantique de haine, au bord du fleuve parisien, au bord de tous les ruisseaux de France ; ils aspirent aux jours où ils tiendront vos petits enfants et les écraseront sur la pierre. »

Et, à la suite, venait l'apologie de la force. « Le canon seul peut régler les questions de notre siècle, il les réglera, dût-il venir de Russie. »

Comme pour appuyer ces monstrueuses théories et ces déclamations apocalyptiques, au moindre prétexte, à la moindre émeute, provoquée par la police, le gouvernement mettait des départements en état de siège et lançait des proclamations furieuses qui semaient dans les populations une véritable épouvante.

II

LES PRÉPARATIFS. — DEUX FOIS LE COUP D'ÉTAT
EST SUR LE POINT D'ÊTRE TENTÉ

Nous ne nous arrêterons pas longtemps aux préparatifs de la lutte. Tous ces faits sont récents et ont été longuement et savamment racontés (1).

Au mois d'octobre, le coup d'État faillit éclater une première fois. Carlier était alors préfet de police. Il était prêt à marcher et voulait brusquer le mouvement. Si on en croit le récit de M. Belouino, Saint-Arnaud et Magnan furent d'un avis contraire et firent décider l'ajournement. « L'Assemblée trahira bien ses complots, dit ce dernier, attendons qu'elle nous donne barre. »

En réalité, Magnan sentait que la présence des représentants dans leurs départements pourrait amener des résistances sur tous les points du pays et par suite rendre plus difficile l'exécution. Il était beaucoup plus sim-

---

.1. A propos de la présidence du prince Napoléon : « Le Peuple, dit Proudhon, a voulu se passer cette fantaisie princière qui n'est pas la première du genre, et Dieu veuille que ce soit la dernière ! Il y a huit jours le citoyen Bonaparte n'était qu'un point noir dans un ciel en feu ; avant-hier ce n'était qu'un ballon gonflé de fumée ; aujourd'hui c'est un nuage qui porte dans ses flancs la foudre et la tempête. »

ple de s'emparer d'un seul coup de l'Assemblée, lorsqu'elle se trouverait réunie à Paris.

Carlier se retira, ce qui amena un petit remaniement ministériel.

L'Assemblée reprit ses séances le 4 novembre et la session s'ouvrit par la lecture du message présidentiel demandant à la majorité de retirer la loi du 31 mai. Le Président avait déjà affecté d'être étranger à la présentation de cette loi, et il venait dire, sachant bien se créer ainsi des amitiés dans le pays et en même temps rendre les députés impopulaires, que l'application avait dépassé l'attente. « Personne, disait-il, ne prévoyait la suppression de trois millions d'électeurs, dont les deux tiers sont habitants paisibles des campagnes. » En même temps, ce message agitait le spectre rouge: « Une vaste conspiration s'organise en France et en Europe. Les Sociétés secrètes cherchent à étendre leurs ramifications jusque dans les moindres communes ; conspirant, sans être d'accord sur les hommes ni sur les choses, elles se sont donné rendez-vous en 1852, non pour bâtir, mais pour détruire. » L'Assemblée ne vit pas le piège et la loi fut repoussée par 8 voix : 355 contre 347.

Pendant que les députés se rendaient ainsi impopulaires, à l'Élysée on continuait les préparatifs. On s'occupait surtout de l'armée. Le 9 novembre, le Président s'était fait présenter, par le général Magnan, les officiers des régiments nouvellement arrivés à Paris et leur adressait une petite harangue se terminant ainsi : « Si jamais le jour du danger arrivait, je ne ferais pas comme les gouvernements qui m'ont précédé et je ne vous dirais pas : Marchez, je vous suis ; mais je vous dirais : Je marche, suivez-moi. »

Saint-Arnaud envoyait en même temps des circulaires dans lesquelles il rappelait aux chefs que l'obéissance militaire doit être passive et que la responsabilité ne regarde que le chef supérieur de qui l'ordre émane.

Une seconde fois, le coup d'État faillit éclater à propos de la proposition des questeurs. Inquiets des instructions du général Saint-Arnaud, les questeurs avaient jugé à propos de présenter un projet de loi qui chargeait son Président de la sécurité de l'Assemblée nationale, et, à cet effet, lui donnait le droit de requérir la force armée et toutes les autorités militaires dont il pouvait juger le concours nécessaire.

Cette proposition, comme bien on pense, irrita au plus haut point l'entourage du Président de la République. Lorsque la discussion vint en séance, la lutte fut orageuse entre le général Saint-Arnaud, cassant et âpre, et les questeurs, auteurs de la proposition. Un moment, Saint-Arnaud qui avait, à diverses reprises, poussé à bout l'Assemblée par la façon cavalière dont il la traitait, crut que la loi passerait et s'en fut, sans attendre le vote, prendre ses dispositions pour agir. « Il sort, dit M. Granier de Cassagnac, après avoir adressé un regard significatif au général Magnan, commandant en chef de l'armée de Paris, qui assistait à la séance et qui se trouvait avec M. de Maupas, préfet de police, dans une tribune. Comme il arrivait près de la porte de la salle, le ministre de la guerre répondit en riant à un de ses collègues qui s'étonnait de le voir

partir avant le vote : « On fait trop de bruit dans cette
« maison, je vais chercher la garde. » Et il y allait comme il le disait. »

« Pendant toute la durée de la discussion, dit M. Véron,
le Président de la République resta à l'Elysée, en compagnie de M. Mocquart. Le prince était calme et attendait,
avec aussi peu d'impatience que d'anxiété, le dénoue-
ment de la journée. A l'arrivée du ministre de la guerre,
de M. le comte de Morny (1) et de M. Edgar Ney, le prince
se montra résolu. Des ordres immédiats allaient être
expédiés, lorsque M. Rouher vint apporter à l'Elysée le
résultat du vote. Le président ne montra aucune émotion et il se contenta de dire avec la plus complète indifférence à tous ceux qui l'entouraient : « Cela vaut peut-
être mieux (2). »

D'après M. Belouino, l'impatient Saint-Arnaud se
serait écrié : « Nous nous en f...... »

La Chambre avait en effet repoussé la sage proposition
des questeurs par 408 voix contre 300. Il faut dire qu'en
cette circonstance encore le parti républicain, sauf quel-

1. « M. de Morny, écrit Pelletan, aimait la vie et, pour la prolon-
ger indéfiniment, il avait dans sa poche je ne sais quelle fiole de
pharmacie anglaise ; mais voici qu'à l'improviste, un jour qu'il
avait un bon mot à préparer pour la Chambre, un vaudeville à
terminer, un tableau à acheter, une opération de Bourse à
liquider, une suppliante à entretenir en particulier et un conseil
à donner à l'Empire chancelant, il chancelle le premier sur lui-
même et il meurt d'hémorrhagie en rendant le sang par les oreilles
et par les narines. »

2. Odillon-Barrot avait dit déjà : « Si l'Assemblée refuse de se
séparer, je lui marquerai son terme. »

ques clairvoyants, se trompa et vota avec le plus triste aveuglement.

Le coup d'État était retardé encore une fois, mais les préparatifs n'en continuèrent qu'avec plus d'ardeur. La presse devenait de plus en plus insolente vis-à-vis de l'Assemblée, et le président, le 26 novembre, n'hésitait pas à adresser aux industriels français récompensés à propos de l'exposition de Londres, les paroles suivantes : «Avant de nous séparer, permettez-moi de vous encourager à vous livrer à de nouveaux travaux ; entreprenez-les sans crainte. Ne redoutez pas l'avenir ; la tranquillité sera maintenue quoi qu'il arrive. Un gouvernement qui s'appuie sur la masse entière de la nation, qui n'a d'autre mobile que le bien public, qu'anime cette foi ardente, qui vous guide sûrement même à travers un espace où il n'y a pas de route tracée, ce gouvernement, dis-je, pourra remplir sa mission, car il a en lui et le droit qui vient du peuple et la force qui vient de Dieu. »

Le coup d'État était donc prêt et, le 26 novembre, Magnan réunit dans son salon tous les officiers généraux présents à Paris, au nombre de 20, pour les prévenir que sous peu de jours on aurait besoin d'eux. « Nous devons SAUVER la France, disait-il ; elle compte sur nous. Mais quoi qu'il arrive, ma responsabilité vous couvrira. »

Le général Reybell répondit, au nom de tous, qu'il pouvait compter sur eux.

Le coup d'État fut résolu pour le 2 décembre.

« Le 2 décembre, dit M. Véron, fut choisi comme anniversaire de la bataille d'Austerlitz. »

Précisément le bataillon d'infanterie qui devait prendre la garde à l'Assemblée le 2 décembre à 6 heures du matin était absolument dévoué. Il appartenait au régiment du colonel Espinasse.

Nous citerons encore M. Véron : « Le 1er décembre au soir, il y eut dîner et réception à l'Élysée. A huit heures, M. Mocquart se rendit dans le cabinet du Président de la République. Le prince Lous-Napoléon, dès la veille, avait recommandé à M. Mocquart de rassembler toutes les pièces relatives au coup d'État en un seul dossier. Parmi les pièces figurait un des décrets du coup d'État Carlier : c'était le décret qui dissolvait la Chambre et le Conseil d'État et rétablissait le suffrage universel. Sur la chemise de ce dossier, le prince écrivit au crayon : « *Rubicon.* »

Le prince, dit Vermorel, parut dans son salon comme d'ordinaire et il en fit les honneurs avec le plus grand calme. Cependant il trouva moyen d'avertir quelques uns de ceux dont il s'était assuré le concours et qui n'attendaient plus que le moment.

M. Véron raconte qu'il fit signe à M. Vieyra, le nouveau chef d'état-major de la garde nationale, et lui dit assez bas pour n'être entendu que de lui :

— Colonel, êtes-vous assez fort pour ne rien laisser voir d'une vive émotion sur votre visage ?

— Prince, je le crois.

— Eh bien ! c'est pour cette nuit... pouvez-vous m'affirmer que demain on ne battra pas le rappel ?

— Oui, prince, si j'ai assez de monde pour porter mes ordres.

Pendant ce temps, M. de Morny, qui était initié aux

projets de la nuit, et qui devait conduire ceux du lendemain, était à l'Opéra-Comique, « où chacun put le voir, dit Véron, très élégant et saluant d'un geste cordial tous ses amis ».

Pendant l'entr'acte il alla visiter madame Liadières dans sa loge.

— Monsieur de Morny, dit-elle, on disait tantôt que le Président de la République va balayer la Chambre. Que ferez-vous ?

— Madame, répondit M. de Morny, s'il y a un coup de balai, je tâcherai de me mettre du côté du manche.

« Avec un peu d'attention, ajoute Véron, mais ils étaient bien loin de songer au péril qui les menaçait, le général Cavaignac et le général Lamoricière, assis dans une loge à côté, auraient entendu la question de madame Liadières et la réponse de M. de Morny ».

III

L'EXÉCUTION. — JOURNÉE DU 2

Le 2 décembre 1851, trois documents étaient affichés sur les murs de Paris : un décret, une proclamation au peuple Français et une autre à l'armée.

Voici le texte du décret :

« Au nom du peuple Français,

« Le Président de la République décrète :

« Art. 1er. L'Assemblée nationale est dissoute.

« Art. 2. Le suffrage universel est rétabli. La loi du 31 mai est abrogée.

« Art. 3. Le peuple Français est convoqué dans ses comices à partir du 14 décembre jusqu'au 21 décembre suivant.

« Art. 4. L'Etat de siège est décrété dans l'étendue de la première division militaire.

« Art. 5. Le Conseil d'Etat est dissous.

« Art. 6. Le ministre de l'intérieur est chargé de l'exécution du présent décret.

« Fait au palais de l'Elysée, le 2 décembre 1851.

« Louis-Napoléon Bonaparte.

« *Le ministre de l'intérieur*

« De Morny. »

« Persuadé, disait la proclamation au peuple Français, que l'instabilité du pouvoir, que la prépondérance d'une seule Assemblée sont des causes permanentes de trouble et de discorde, je soumets à vos suffrages les bases fondamentales suivantes, d'une Constitution que les Assemblées développeront plus tard :

« 1° Un chef responsable nommé pour dix ans ;

« 2° Des ministres dépendant du pouvoir exécutif s ul.

« 3° Un Conseil d'Etat formé des hommes les plus distingués, préparant les lois et en soutenant la discussion devant le Corps législatif ;

« 4° Un Corps législatif discutant et votant les lois, nommé par le suffrage universel, sans scrutin de liste qui forme l'élection ;

« 5° Une seconde Assemblée, formée de toutes les illustrations du pays, pouvoir pondérateur, gardien du pacte fondamental et des libertés publiques. »

La proclamation à l'armée se terminait par ces mots :

« Soldats, je ne vous parle pas des souvenirs que mon nom rappelle. Ils sont gravés dans vos cœurs. Nous sommes unis par des liens indissolubles. Votre histoire est la mienne ; il y a entre nous dans le passé communauté de gloire et de malheur. Il y aura dans l'avenir communauté de sentiments et de résolutions pour le repos et la grandeur de la France. »

Ces affiches avaient été imprimées dans la nuit à l'Imprimerie nationale, où l'on avait consigné les ouvriers et fait garder les portes et les fenêtres par une compagnie de gendarmerie mobile. Ce fut M. de Riéville, lieutenant-colonel d'état-major, officier d'ordonnance du président, qui fit exécuter tout sous ses yeux et surveilla le transport à la préfecture de police.

En même temps qu'on posait les affiches avaient lieu l'arrestation simultanée de toutes les personnes jugées dangereuses, l'investissement du Palais de l'Assemblée et l'occupation militaire de la ville.

Pendant la nuit, le préfet de police avait appelé les quarante commissaires de police, les avait tous reçus séparément et leur avait remis les mandats d'arrêt et les ordres.

« Une des choses qui surprendront certainement le plus la postérité dans les événements que nous racontons, dit E. Ténot, ce sera sans doute l'unanimité des quarante commissaires de police à s'associer aux projets dont M. de Maupas leur fit confidence. Il s'agissait de se rendre complice d'un acte que l'article 68 de la Constitution qualifiait de crime de haute trahison ; il s'agissait d'arrêter des représentants inviolables, acte que la Constitution qualifiait également de crime. Aucun de ces magistrats n'ignorait la loi ; cependant pas un seul n'hésita. »

Les mandats remis aux commissaires étaient motivés sur l'accusation de « complot contre la sûreté de l'État et de détention d'armes de guerre. » Les seize représentants désignés pour être arrêtés étaient : MM. les généraux Cavaignac, Changarnier, Lamoricière, Bedeau, Le Flo, le colonel Charras, Thiers, Baze, Baune, le capitaine Cholat, Greppo, Lagrange, Miot, Nadaud, Roger (du Nord) et le lieutenant Valentin. Il y avait en outre soixante mandats contre des citoyens en vue, connus pour leur influence sur les ouvriers.

L'opération avait été merveilleusement préparée. Une heure après leur départ de la préfecture, les commissaires avaient accompli leur besogne, et cela sans un incident. « Tout, dit Granier de Cassagnac, s'effectua avec une merveilleuse ponctualité, et aucune arrestation n'exigea plus de vingt minutes. »

Au Palais-Bourbon, sous la surveillance de M. de Persigny, le colonel Espinasse envahit le Palais. Là se produisit un incident. Le commandant Meunier arracha ses épaulettes, brisa son épée et la jeta aux pieds de M. Espinasse, en déclarant qu'il ne voulait pas être déshonoré. Sans se laisser retarder, Espinasse se précipita dans la chambre du colonel Niel, gouverneur du Palais, et sauta sur son épée. Niel, surpris et en train de s'habiller, lui dit : « Prenez-la, vous faites bien, car je vous l'aurais passée au travers du corps. » Pendant ce temps le commissaire de police Bertoglio procédait à l'arrestation du général Le Flo, l'un des questeurs, qui demeurait dans le Palais. Avant qu'il eût eu le temps de se reconnaître, il se trouva porté dans une voiture.

La troupe occupait tous les postes qui lui avaient été assignés : Forey, au quai d'Orsay ; Dulac, dans le jardin des Tuileries ; de Cotte, sur la place de la Concorde ; Canrobert, auprès de l'Elysée ; les lanciers de Reybel et les cuirassiers de Korte, aux Champs-Elysées. Ces différentes brigades représentaient environ trente mille hommes.

A six heures le préfet de police télégraphiait au Président : « Nous triomphons sur toute la ligne. »

La vérité est que le coup d'État, exécuté avec une sûreté de main peu commune, déconcerta tout le monde, et il y eut un moment de stupéfaction.

Cependant des représentants essayèrent de se réunir. Une quarantaine environ parvinrent à pénétrer dans la salle du Palais-Bourbon et y traîna le malheureux président Dupin. Mais à peine était-il sur son fauteuil qu'Espinasse pénétra à son tour avec ses soldats. Dupin s'écria : « Nous avons le droit pour nous, c'est évident, mais ces messieurs ont la force, allons-nous-en. » Et il s'en alla.

Les représentants essayèrent alors de se réunir à la mairie du X⁰ arrondissement. Berryer se fit le chef de cette tentative de résistance, mais ne fut point à la hauteur de la situation. Les députés se bornèrent à voter et à signer le décret suivant :

« L'Assemblée nationale réunie extraordinairement à la mairie du X⁰ arrondissement :

« Vu l'article 68 de la Constitution,

« Attendu que l'Assemblée est empêchée par la violence d'exercer son mandat,

« Arrête :

« Louis-Napoléon Bonaparte est déchu de ses fonctions de Président de la République ;

« Les citoyens sont tenus de lui refuser obéissance ;

« Le pouvoir exécutif passe de plein droit à l'Assemblée nationale ;

« Les juges de la Haute Cour de justice sont tenus de se réunir immédiatement, sous peine de forfaiture, pour procéder au jugement du Président de la République et de ses complices ;

« En conséquence, il est enjoint à tous les fonctionnaires et dépositaires de la force et de l'autorité publiques d'obéir à toutes réquisitions faites au nom de l'Assemblée sous peine de forfaiture et de trahison (1). »

Après cet acte, les représentants ne savent plus quoi faire. Ils demandent qu'on les mène à Mazas. Le général Oudinot, nommé commandant de l'armée et de la garde nationale, parlemente avec des sous-officiers. Enfin arrive le général Forey qui conduit entre deux haies de soldats les deux cent vingt membres présents jusqu'à la cour de la caserne du quai d'Orsay. Le président Vitet, qui avait remplacé le président Benoist d'Azy, était tenu au collet par un agent.

Les représentants furent transportés dans la nuit : 62 à Mazas, 52 au Mont-Valérien et 104 à Vincennes ; les uns à dix heures du soir et les autres à deux heures du matin. Il ne resta, ajoute Vermorel, à la caserne du

1. Voici quel était l'article 48 de la Constitution : « Avant d'entrer en fonction, le Président de la République prête au sein de l'Assemblée nationale le serment dont la teneur suit : — En présence de Dieu et devant le peuple Français, représenté par l'Assemblée nationale, je jure de rester fidèle à la République démocratique, une et indivisible, et de remplir tous les devoirs que m'impose la Constitution. »

quai d'Orsay que MM. Chegaray et Mage-Saunay qui se dirent malades, et qui le 3, au point du jour, demandèrent à rentrer chez eux. La plupart des représentants envoyés à Vincennes et au Mont-Valérien furent mis en liberté le lendemain.

L'article 91 de la Constitution ordonnait, pour le crime de trahison du Président de la République prévu par l'article 68, la réunion immédiate et d'office de la Haute Cour de justice à peine de forfaiture. Pour sauver sa responsabilité, la Haute Cour se réunit donc au Palais de Justice, mais elle fit en sorte de ne pas gêner le coup d'État. Elle se contenta de constater le flagrant délit, de nommer pour procureur général M. Renouard, conseiller à la Cour de cassation, et de s'ajourner au lendemain. Au moment où cette audience se terminait, la force armée, conduite par M. de Montour, aide de camp du ministre de la marine, fit invasion dans la salle, et la Haute Cour se sépara en déclarant qu'elle ne cédait qu'à la force. Elle se réunit encore le lendemain, mais pour s'ajourner de nouveau.

La résistance légale au coup d'État était terminée.

Restait la résistance populaire.

IV

Le peuple de Paris ne sembla pas, tout d'abord, disposé à descendre dans la rue. L'Assemblée nationale était impopulaire et son sort l'intéressait peu. Les faubourgs, décimés après juin 1848, désarmés, sans confiance dans les hommes qui avaient fait aboutir le mouvement de février à la loi du 31 mai, hésitaient à risquer encore une fois leur vie pour des promesses dont ils attendaient toujours la réalisation. Victor Hugo, Michel (de Bourges), Emmanuel Arago, Baudin, Brives, Schœlcher, Joigneaux, Charamaule, Jules Favre, Esquiros, Madier de Montjau, réunis chez M. Coppens, essayèrent de réveiller les sentiments révolutionnaires des travailleurs. Ils lancèrent une proclamation déclarant Louis-Napoléon traître et hors la loi, et terminaient par un appel aux armes : « Que le peuple fasse son devoir, les représentants républicains marchent à sa tête. »

Rendez-vous fut pris pour le lendemain au faubourg Saint-Antoine.

A l'Élysée, devant cette attitude de la population, on crut que l'opération était terminée. Louis-Bonaparte se dit qu'il était utile de profiter de ce moment de stupeur pour se montrer au peuple. Il sortit avec un nombreux état-major. S'il comptait sur un accueil enthousiaste, il fut vite détrompé. L'attitude du public était indifférente et même plutôt hostile. Cette promenade ne fut pas longue et, arrivé aux Tuileries, le cortège rebroussa chemin et regagna l'Élysée. Vers quatre heures cependant, sur le conseil qui lui fut donné qu'il était utile qu'il se montrât aux troupes, le président sortit de nouveau et poussa jusqu'à la porte Saint-Denis. Sur le boulevard, il recueillit les acclamations qu'il cherchait.

Le 3, au matin, les représentants arrivèrent au faubourg Saint-Antoine, où le rendez-vous était fixé. En vain, sur leur chemin, cherchaient-ils à entraîner les ouvriers. « Quoi ! disaient les représentants, vous ne faites rien ? Qu'attendez-vous ? Est-ce donc l'Empire que vous voulez ? — Non, non, répondaient la plupart des ouvriers. Mais pourquoi une lutte ? On nous rend le suffrage universel... Et puis, que pourrions-nous faire ? On nous a désarmés en juin, il n'y a pas un seul fusil dans tout le faubourg. » (Tenot.)

Un incident vint encore refroidir ceux qui auraient pu se laisser entraîner. Neuf ou dix omnibus arrivèrent, transférant à Vincennes les représentants arrêtés à la caserne d'Orsay. On proposa de les arrêter. Malardier et Frédéric Cournet se jetèrent à la tête des chevaux du premier omnibus. On vit alors se pencher aux portières des représentants qui, la tête effarée, supplièrent de ne pas les délivrer. La foule fut indignée. « Vous voyez bien qu'il n'y a rien à faire avec ces gens-là ! » dit-on à Frédéric Cournet.

Enfin, à neuf heures, les représentants réunis à la salle Roysin, sortirent avec leurs écharpes et descendirent le faubourg en criant : *Aux armes ! Aux barricades ! Vive la République ! Vive la Constitution !* Une petite troupe finit par se former et on dressa, au coin de la rue Sainte-Marguerite, une première barricade. C'est là que fut tué Baudin.

Cette mort héroïque décida le peuple à agir. De l'indifférence on passa à la colère. En un instant, dans le quartier compris entre les boulevards, la rue Saint-Denis, les quais et la rue du Temple, des barricades s'élevèrent. Des hommes énergiques allaient d'autre part réveiller Belleville et le quartier Saint-Marceau.

Le préfet de police ne s'attendait point à ce mouvement offensif, et il croyait sa tâche finie. En apprenant les nouvelles de l'insurrection, il perdit vite la tête. Voici ce qu'il télégraphiait le 3 décembre à 4 heures 1/4 : « On commence les barricades dans la rue Rambuteau, à la hauteur des rues Saint-Denis et Saint-Martin ; des voitures ont été arrêtées. On affirme que M. Madier de Montjau n'est pas tué et qu'il est dans les groupes. Le cri : Aux armes ! est poussé au coin de la rue Greneta. Le point de rassemblement général est en ce moment le quartier Saint-Martin. Il paraît certain qu'une troupe choisie dans les hommes d'action est convoquée en armes vers cinq heures au carré Saint-Martin, et que les meneurs de cette troupe ont annoncé qu'il serait question de se porter sur la présidence. On répand le bruit de la présence de MM. Charras et Bedeau. On prétend aussi que les patriotes rouennais arrivent et que Ledru-Rollin est dans les faubourgs. »

Ici se place le second acte du coup d'État. Il fallait en ce moment un homme à la hauteur de l'acte tenté et capable de ne reculer devant rien. Cet homme fut M. de Morny. Lui seul au milieu de l'entourage du président affolé, sut conserver le sang-froid nécessaire. Il donnait ses instructions d'un ton clair et impitoyable : « De la préfecture, on me mande que quelques troupes, trop faibles, sont cernées. Comment fait-on cette faute, au lieu de laisser les insurgés s'engager tout à fait et des barricades sérieuses se former, pour ensuite écraser l'ennemi et le détruire ? Prenez garde d'user la troupe à des escarmouches, et de ne l'avoir plus à l'heure décisive. Il n'y a qu'avec une abstention entière, en cernant un quartier et le réduisant par la famine, ou *en l'envahissant par la terreur*, qu'on fera la guerre des villes. »

L'expression de Morny « envahir par la terreur » est le vrai mot de cette seconde partie du coup d'État. Saint-Arnaud le traduisit dans une proclamation aux habitants de Paris où il était arrêté que tout individu pris construisant ou défendant une barricade, ou les armes à la main serait fusillé. « Le ministre de la guerre, dit Belouino, n'avait pas entendu faire dans sa proclamation une vaine menace. Il avait ordonné qu'on en exécutât les termes à la lettre : « Pas de prisonniers « armés. On fait toujours des prisonniers malgré mes « ordres », disait-il dans la soirée du 4. »

La journée du 4 fut terrible. Pendant que les troupes

attaquaient les barricades du faubourg Saint-Martin, de la rue du Temple, de la rue du Petit-Carreau, où fut tué Denis Dussoubs, de la rue des Jeûneurs, de la rue Tiquetonne, où accomplit sur le boulevard la menace de M. de Morny. On balaya avec des charges de cavalerie, accompagnées de la fusillade et de la mitraille, toute la longueur des boulevards. « Des passants inoffensifs furent victimes de cette terrible fusillade », écrit M. Mayer, un des apologistes de ces événements.

M. Granier de Cassagnac dit : « Un incident remarquable avait signalé le passage des troupes sur le boulevard intérieur. Au moment où la brigade Reybell venait d'atteindre, sans coup férir, le boulevard Montmartre, des coups de fusils, tirés par des mains gantées, partirent de diverses maisons. Elle s'arrêta un instant, et, aidée de tirailleurs d'infanterie de la brigade Canrobert, qui firent un feu terrible sur les fenêtres, elle ouvrit les portes des maisons ennemies à coups de canon. La leçon fut courte, mais sévère ; et, dès ce moment, le boulevard élégant se le tint pour dit. »

« La vérité, écrit Vermorel, est que cette opération fut dirigée complètement contre les curieux qui n'avaient pas suffisamment tenu compte du terrible avertissement de M. de Maupas, sur les curieux et aussi sur ceux que leurs occupations et leur anxiété du sort des personnes qui leur étaient chères avaient poussés hors de chez eux. Pour ceux qui donnèrent ces ordres épouvantables, il ne s'agissait pas de mesures défensives. C'était une tactique ; il fallait *envahir la ville par la terreur* suivant

l'expression de M. de Morny ; il fallait *écraser instan-
tanément et exemplairement l'insurrection.* »

L'histoire avec sa justice sévère appréciera ces faits.

Pendant toute cette journée du 4 décembre, la ville
fut en réalité livrée aux soldats, et on avait eu soin de
leur faire des distributions de vin et d'eau-de-vie. Le fait
est affirmé en ces termes par M. Granier de Cassagnac :
« Lorsque le prince se décida, le 1er décembre au soir, à
sauver la société par une mesure décisive, il ne lui restait de toute sa fortune personnelle, de tout son patrimoine, qu'une somme de cinquante mille francs. Il savait
qu'en certaines circonstances mémorables, les troupes
avaient faibli devant l'émeute, faute de vivres et plus
affamées que vaincues. Il prit donc jusqu'au dernier écu
de ce qui lui restait, il chargea le général Fleury d'aller
brigade par brigade, et homme par homme, distribuer
cette dernière obole aux soldats vainqueurs de la déma-
gogie. » Le *Moniteur* du 6 avouait que « les vins et
les mets avaient été prodigués. »

Le 5 au matin, il fut impossible aux survivants des
barricades et aux représentants de recommencer la lutte.
La population terrifiée refusa de marcher, et le général
Magnan put écrire à l'Elysée : « Les insurgés atterrés
par le résultat de la journée du 4 n'osent plus défendre
leurs retranchements. »

Le coup d'Etat était cette fois bien terminé.

M. de Morny, qui fut l'âme de toute cette affaire,
envoya aux préfets et aux généraux cette circulaire :
« Toute insurrection armée a cessé à Paris par une répression vigoureuse ; la même énergie doit avoir par-

tout les mêmes effets. Les bandes qui apportent le pillage, le viol et l'incendie se trouvent hors des lois. Avec elles, on ne parlemente pas, on ne fait pas de sommations, on les attaque et on les disperse. Tout ce qui résiste doit être fusillé, au nom de la société en légitime défense. »

Nous arrêterons là notre récit. Nous l'avons écrit, autant qu'il a été possible, avec les documents et en suivant pas à pas les écrivains qui ont tour à tour raconté ces événements. L'histoire des suites est présente à l'esprit de tous et nous n'avons pas à la raconter ici.

LIVRE V

ANALYSE DES COUPS D'ETAT

LIVRE V

ANALYSE DES COUPS D'ETAT

I

CARACTÈRES COMMUNS DES TROIS TENTATIVES

Après avoir raconté les faits, il faut les analyser et
préciser les leçons qui s'en dégagent. Il faut appliquer à
l'histoire la méthode scientifique et voir l'enchaînement
logique, fatal, des événements. En relevant dans les trois
tentatives, dont deux ont été couronnées de succès, que
nous venons de résumer, les caractères semblables ou
dissemblables, nous arriverons à des conclusions d'autant moins discutables qu'elles porteront leurs preuves
avec elles. Nous n'hésiterons pas à multiplier les documents et les citations. Nous les accumulerons au contraire, nous contentant de les mettre en lumière et d'en
faire ressortir l'enseignement.

Remarquons tout d'abord le point de départ des coups
d'Etat. Il s'agit de substituer à un régime plus ou moins
libéral l'autorité absolue d'un seul. Au système repré-

sentatif de l'an VIII, comportant deux chambres et un directoire de cinq membres, Bonaparte veut substituer le Consulat, c'est-à-dire sa seule autorité et ce consulat sera le jour où il voudra l'Empire. Le Consulat, composé de trois membres, n'est en somme que la dictature de Bonaparte seul. Quand Siéyès lui exposant ses plans lui dit : « Il s'agit de constituer une commission consulaire composée de Roger-Ducos, de vous et de moi.. — C'est-à-dire, interrompit Bonaparte en accentuant ses paroles, composée de moi, de vous et de Roger-Ducos. » C'est donc pour Bonaparte seul que le 18 Brumaire fut fait.

M. de Polignac trouvait le régime de la Charte trop libéral et trop parlementaire : il tenta son coup d'Etat pour donner à Charles X le pouvoir absolu tel qu'il avait existé avant la Révolution. Lors des élections il avertit nettement les électeurs de ses intentions et le *Moniteur* publia les lignes suivantes :

« Le roi ne cédera pas : il est le roi fort et jaloux, et sa résolution est immuable. C'est donc aux électeurs de faire en sorte que la majorité de la Chambre ne soit pas telle qu'elle oblige le roi, pour l'accomplissement de sa résolution, à des mesures fortes et proportionnées à la violence de l'agression. »

« Dans la médiocrité de son esprit, dit M. Guizot en parlant de M. de Polignac, et la confusion de ses idées, ne comprenant bien ni la société anglaise qu'il voulait imiter, ni la société française qu'il voulait réformer, il croyait la Charte conciliable avec la prépondérance politique de l'ancienne noblesse et la suprématie de l'ancienne royauté, et il se flattait de développer les institutions nouvelles en les faisant servir à la domination des influences qu'elles avaient précisément pour objet d'abolir ou de limiter. On ne saurait mesurer la portée des illusions consciencieuses que peut se faire un esprit faible avec ardeur, commun avec élévation, et mystiquement vague et subtil. »

Ce fut pour substituer au régime bâtard de 1850 sa domination personnelle, que Napoléon III fit le 2 décembre, et bien qu'il affectât, en rétablissant le suffrage universel mutilé par la loi du 31 mai, d'inaugurer un régime plus libéral, personne ne se trompa sur le but, et d'ailleurs l'illusion eût été de courte durée.

Il est à remarquer immédiatement que les circonstances dans lesquelles le 18 Brumaire et le 2 Décembre se produisirent ont une grande similitude. Dans les deux cas il y a dans la population une grande lassitude, un énervement produit par des tentatives d'organisation politique avortées. En 1799, il y a dix ans que le pays se débat dans les convulsions violentes sans arriver à la période d'organisation calme qui aurait dû suivre la Constitution de l'an III. En 1851, on est fatigué des Assemblées impuissantes qui n'ont pas su organiser le suffrage universel proclamé en février 1848 (1).

M. de Polignac tentait, au contraire, son coup d'Etat au moment où la France prenait son nouvel essor dans

1. D'après G. de Cassagnac, « la Constitution n'avait pas encore franchi les débuts de son préambule que déjà tous les partis étaient unanimes à la considérer comme incapable de maîtriser la situation qu'elle réglait ».

les lettres, les sciences et les arts. Il y avait une sorte de renaissance littéraire, historique et artistique. Au lieu de générations déjà décimées, il se trouvait au contraire en face de jeunes générations venues récemment, à la vie politique, ardentes et résolues. Elles avaient hâte de briser le joug et voulaient à leur tour prendre leur place dans la mêlée. La révolution de 1830, issue de la résistance au coup d'Etat, fut faite par les jeunes.

Un caractère bien commun aux trois tentatives, et sur lequel nous n'insisterons pas, l'ayant signalé au cours même de nos récits, c'est la prétention des faiseurs de coup d'Etat de sauver la société. La société est toujours en danger, aussi bien en 1799 qu'en 1830 et en 1851. Elle ne peut être sauvée que par un bras fort et puissant et le sauveur est prêt. Passons.

Nous avons vu que les théoriciens des coups d'Etat mettaient le secret au nombre des règles les plus essentielles pour réussir. Aucun de nos conspirateurs n'y a manqué. Bonaparte arrive d'Egypte, dresse ses batteries et distribue les rôles à ses créatures sans que rien soit connu des directeurs, qui ne sont pas dans le complot.

En 1830, on savait bien que le gouvernement de Charles X voulait résister au courant de l'opinion publique, mais personne ne croyait à cette tentative de coup d'Etat et elle surprit tout le monde (1).

1. On ne s'attendait point à un coup d'Etat. Guizot écrit : « Dans les organes sérieux et intelligents du parti, comme *le National*, on ne revenait point aux théories anarchiques, aux constitutions ré-

« Il n'y a guère, dit M. Guizot, de spectacle plus saisissant que celui d'un grand contraste entre la surface et le fond, l'apparence et la réalité des choses. La fermentation sous l'immobilité, ne rien faire et s'attendre à tout. Voir le calme et prévoir la tempête, c'est peut-être de toutes les situations humaines la plus fatigante pour l'âme et la plus impossible à supporter longtemps.

« C'était là, à l'ouverture de l'année 1830, notre situation à tous, gouvernement et nation, ministres et citoyens, amis et adversaires du pouvoir. Personne n'agissait et tous se préparaient pour des chances inconnues. Nous menions notre train de vie ordinaire et nous nous sentions à la veille du chaos.

« Un magistrat, en grande faveur auprès des ministres, M. Cottu, honnête homme, crédule et léger, publiait un écrit intitulé : « *De la nécessité d'une dictature.* » Un publiciste, raisonneur fanatique et sincère, M. Madrolle, dédiait à M. de Polignac un Mémoire, où il soutenait la nécessité de refaire la loi des élections par une ordonnance. « Ce qu'on appelle coup d'Etat, disaient les jour-« naux importants et amis avoués du cabinet, est quelque « chose de social et de régulier lorsque le roi agit dans « l'intérêt général du peuple, agît-il même en apparen-

volutionnaires, on s'enfermait dans cette charte d'où la royauté semblait si près de sortir ; on en expliquait assidument le sens ; on en réclamait rudement la complète et sincère exécution ; on faisait nettement pressentir que les droits nationaux mis en question mettaient en question les dynasties. On se montrait décidé et prêt, non pas à devancer, mais à accepter sans hésitation l'épreuve suprême qui s'avançait, et dont chaque jour on faisait suivre clairement au public le rapide progrès. »

« ce contre les lois. » En fait la France était tranquille et l'ordre légal en pleine vigueur ; de la part du pouvoir, comme de la part du peuple, aucune violence n'avait provoqué la violence ; et on discutait hautement les violences suprêmes ! On proclamait l'imminence des révolutions, la dictature de la royauté, la légitimité des coups d'Etat. »

Le 1er décembre 1851 au soir, pas un membre de l'Assemblée nationale n'avait un soupçon et les affiliés surent si bien garder le secret que tous les hommes désignés pour être arrêtés, le furent dans leurs lits, et qu'à 6 heures du matin, au Palais-Bourbon, le commandant du Palais et le questeur, le général Le Flo, furent tous les deux arrêtés également dans leur chambre à coucher.

LES HOMMES DE COUPS D'ÉTAT

Cette remarque nous amène à parler des *hommes de coups d'État*. Nous désignons ainsi les auxiliaires indispensables en pareil cas. A côté de l'homme au profit duquel l'acte s'accomplit, il faut des exécutants à la hauteur des événements et nous allons voir que d'eux dépend le succès.

Le 18 Brumaire fut relativement facile ; Bonaparte n'eut guère besoin que de Siéyès et de son frère pour réussir.

L'ex-abbé Siéyès, qui avait trouvé moyen de traverser toute la Révolution en gardant sa tête, était bien l'être le plus méprisable qui se pût rencontrer. Bonaparte le connaissait, mais il jugea prudent de faire alliance avec lui dans cette circonstance. « Après Brumaire, dit Michelet, Bonaparte voyant Siéyès dans le ruisseau et conspué de tous, des royalistes comme prêtre philosophe des révolutionnaires comme traître et lâche machinateur, Bonaparte monte sur ses épaules pour ainsi dire, l'enfonce de son mieux dans la boue. Il suppose que cet homme si prudent, si timide ne craignit pas de faire devant lui un acte avilissant, de fourrer ses mains dans

une commode pour remplir ses poches d'or, pendant que
Bonaparte faisait semblant de ne rien voir et tournait le
dos. Il fit répandre la chose par le hâbleur Murat. »
Le fait est certainement faux, mais on l'accepta à moitié,
tant Siéyès était arrivé à accumuler de mépris sur sa
tête.

Lucien Bonaparte mena le 18 Brumaire la barque de
son frère et on a vu dans notre récit que sans lui, sans
son sang-froid, sans son intervention, le jeune général
eût eu de la peine à s'en tirer. Il était plus ému qu'il ne
fallait et perdait la tête. Lucien, d'un bout à l'autre de
la journée, se posséda, et au milieu du tumulte sou-
levé aux Cinq-Cents, il fit tête à l'orage et par d'habiles diversions, avec de grandes phrases, en jouant la
dignité offensée, il parvint à son but : empêcher les Cinq-
Cents de délibérer. Après avoir déposé ses insignes, il va
ranimer son frère. Devant son hésitation, il n'hésite pas,
lui. Il monte à cheval et se met à haranguer les soldats.
« On parle, s'écrie-t-il, d'un second Cromwell ? Nouveau
Brutus, s'il en était ainsi je serais le premier à plonger
ce fer dans le sein de mon frère. » Et il brandit son
épée, puis après avoir raconté à sa façon ce qui se
passe dans la réunion des Cinq-Cents, il entraîne les
troupes en les requérant comme président pour délivrer
l'Assemblée des brigands qui l'oppriment. Murat et
Leclerc ne font qu'exécuter ses ordres. Le soir encore ce
fut Lucien qui présida le simulacre d'assemblée et lut la
nouvelle Constitution.

Les hommes que Charles X avait sous la main pour
exécuter ses volontés n'étaient ni les uns ni les autres à

la hauteur de leur mission (1). C'est là ce qui fut en grande partie cause de l'avortement de la tentative.

M. de Polignac était le fils de madame de Polastron. Il avait été élevé à l'étranger pendant la Révolution. Madame de Polastron mérite une place à part dans la galerie des favorites de la fin du siècle dernier. Elle était gracieuse et spirituelle; ce fut elle qui poussa Marie-Antoinette aux plus scandaleuses dilapidations. Ce n'était peut-être pas tout à fait dans un but désinterressé. Si on consulte le livre rouge, publié en 1790, on trouve que, si on en excepte le comte d'Artois, les Polignac étaient les personnages les mieux rentés de la cour.

Lorsque M. de Polignac rentra en France, « c'était, dit un écrivain, un homme loyal et consciencieux, mais d'une profonde incapacité, aveuglé par les préjugés de castes et ses opinions rétrogrades ; il ignorait absolument l'esprit, les tendances et les besoins de la France nouvelle ».

« Jamais, dit Chateaubriand en apprenant sa nomination comme ministre, je n'étais tombé d'une pareille hauteur. » Après être allé le voir, il ajoute : « M. de Polignac me parut, lorsque je le quittai, dans cette con-

---

1. Cependant, M. de Polignac voulait pousser le coup d'Etat jusqu'au bout et avait demandé plus qu'il n'a été fait. Dans ses *Etudes historiques et politiques*, M. de Polignac écrit : « J'avais proposé à Charles X de convoquer les chambres à Orléans. Quelques obstacles, petit-être aussi l'arrivée prochaine du roi de Naples à Paris, empêchèrent qu'il ne fût donné suite à cette proposition. »

fiance imperturbable qui faisait de lui un muet éminem-
ment propre à étrangler un empire. »

M. Guizot a laissé un portrait saisissant de Charles X
et de son ministre :

« Deux figures sont restées, depuis 1830, gravées
dans ma mémoire ; le roi Charles X au Louvre, le 2
mars, ouvrant la session des Chambres, et le prince de
Polignac au Palais-Bourbon, les 15 et 16 mars, assistant
à la discussion de l'adresse des 221. L'attitude du roi
était comme à son ordinaire, noble et bienveillante, mais
mêlée d'agitation contenue et d'embarras ; il lut son
discours avec quelque précipitation, quoique avec dou-
ceur, comme pressé d'en finir ; et quand il en vint à la
phrase qui, sous une forme modérée, contenait une
menace royale, il l'accentua avec plus d'affectation que
d'énergie. En y portant la main, il laissa tomber son
chapeau, que le duc d'Orléans releva et lui rendit en
pliant le genou avec respect. Parmi les députés, les
acclamations du côté droit étaient plus bruyantes que
joyeuses et il était difficile de démêler si, dans le
silence du reste de la Chambre, il y avait plus de tris-
tesse ou de froideur. Quinze jours après, à la Chambre
des députés, au sein du comité secret où l'adresse fut
débattue, dans cette vaste salle, vide de spectateurs,
M. de Polignac était à son banc, immobile et peu entouré,
même de ses amis, avec l'air d'un homme dépaysé et
surpris, jeté dans un monde qu'il connaît mal, ému et
chargé d'une mission difficile, dont il attend l'issue avec
une dignité inerte et impuissante. On lui fit, aux cours du
débat, sur un acte du ministère à propos des élections,

un reproche auquel il répondit gauchement, par quelques paroles sourdes et confuses, comme ne comprenant pas bien l'objection, et pressé de regagner sa place. Pendant que j'étais à la tribune, mes regards rencontrèrent les siens, et je fus frappé de leur expression de curiosité étonnée. Evidemment au moment où ils faisaient acte de volonté hardie, ni le roi ni son ministre n'étaient à leur aise ; ily avait dans les deux personnes, dans leur physionomie comme dans leur âme un mélange de résolution et de faiblesse, de confiance et de trouble qui en même temps attestait l'aveuglement de l'esprit et trahissait le pressentiment du malheur. »

Parmi les premiers collaborateurs de M. de Polignac, il y avait MM. de Bourmont, de La Bourdonnaie, de Chabrol, Courvoisier et Montbel. Mais de Bourmont et de La Bourdonnaie ne faisaient plus partie du cabinet lors des ordonnances. Chateaubriand a laissé de ce dernier le petit portrait suivant : « Le comte de La Bourdonnaie, jadis mon ami, est bien le plus mauvais coucheur qui fut oncques : il vous lâche des ruades sitôt que vous approchez de lui ; il attaque les orateurs à la Chambre comme ses voisins à la campagne ; il chicane sur une parole comme il fait un procès pour un fossé. » En quittant le ministère, cet homme, très vaniteux, répondit à ceux qui l'interrogeaient. « Il s'agissait de jouer ma tête, j'ai voulu tenir les cartes. » « De son passage au pouvoir il ne laissa d'autre traces, dit Vaulabelle, que deux actes : un réglement sur la boucherie de Paris rédigé par son prédécesseur, et une circulaire sur les marionnettes. »

Quant aux auxiliaires directs de **M.** de Polignac, Chantelauze, d'Haussey, de Peyronnet, Guernon-Ranville et le baron Capelle, aucun n'était à la hauteur des circonstances et capable de diriger l'exécution d'un coup d'État. « Cette audace, dit Chateaubriand, des hommes les plus faibles qui furent jamais contre cette force qui allait broyer un empire, ne s'explique que par une sorte d'hallucination, résultat des conseils d'une misérable coterie que l'on ne trouva plus au moment du danger... Encore un gouvernement qui de propos délibéré se jetait du haut des tours de Notre-Dame. »

On savait si peu où on allait et on était si peu renseigné sur l'esprit public que, après avoir été battu, le roi se décida à retirer les ordonnances et crut que cela le sauverait. « Quant à moi, s'écria Benjamin Constant, je ne me prononce pas positivement sur la question de dynastie ; je dirai seulement qu'il serait trop commode, pour un roi, de faire mitrailler son peuple et d'en être quitte pour dire ensuite : il n'y a rien de fait. »

Les hommes qui se firent en 1851 les exécuteurs des volontés de Louis Bonaparte étaient plus déterminés et moins scrupuleux, et aussi plus besogneux. Bonaparte lui-même était réduit, en matière d'argent, aux expédients. Quant au principal acteur, M. de Morny, on lit ceci dans Tenot : « Les affiches judiciaires annonçaient aux Champs-Elysées la vente prochaine de l'hôtel de M. de Morny ; le coup d'Etat ne pouvait pas tarder. »

M. de Morny était fils naturel du général Flahaut et de la reine Hortense, par conséquent frère utérin de Napoléon III. Au lendemain de sa naissance, on l'emmena à Versailles, où un ancien noble lui donna un titre et un nom en le reconnaissant. Il fut élevé chez sa grand-mère du côté paternel, Mme de Souza, qui s'empressa de perdre au jeu les 200,000 francs que la reine Hortense avait donnés à son fils. Son éducation se ressentit de ce milieu galant, débauché et viveur. Voici le portrait que fait de lui d'Alton-Shée dans ses mémoires :

« Sans être véritablement beau, Morny avait la physionomie fine et bienveillante, de l'élégance, de la distinction ; il était admirablement proportionné, fort adroit à tous les exercices, un de nos meilleurs gentlemen-riders. Ami, parfois rival heureux du duc d'Orléans, il avait obtenu près des femmes de nombreux et éclatants succès. Instruit pour un mondain, ayant le goût de la paresse et la faculté du travail, une foi absolue en lui-même, de l'audace, de l'intrépidité, du sang-froid, un jugement sain, de l'esprit et de la gaieté ; plus capable de camaraderie que d'amitié, de protection que de dévouement ; amoureux du plaisir, décidé au luxe ; prodigue et avide ; plus joueur qu'ambitieux ; fidèle à un engagement personnel, mais n'obéissant à aucun principe supérieur de politique ou d'humanité, rien ne gênait la liberté de ses évolutions ; il joignait à tout cela certaines qualités princières, la dissimulation, l'indulgence, le mépris des hommes. Il pratiquait la souveraineté du but, non au profit d'une religion, d'un système ou d'une idée, mais dans son propre intérêt. »

« M. de Morny, raconte M. Taxile Delord, avait succédé au duc d'Orléans dans l'intimité d'une femme jolie et riche ; M. de Morny et la dame, réunissant leurs

cœurs et leurs capitaux, avaient formé ce que dans le
monde on appelle une liaison, et dans le commerce une
raison sociale. Une fabrique de sucre de betterave était
le produit de cette union morganatique. L'usine cons-
truite par l'amour ne réussit guère ; la maison de commerce, sans se décourager, entreprit de nouvelles affaires ; les deux associés, pendant quinze ans fidèles à
la Société, ne se doutaient pas que les plus hauts personnages de l'Etat seraient un jour chargés de leur
liquidation... Le coup d'Etat lui-même représentait une
affaire aux yeux de Morny. »

Complétons ce portrait par ces lignes du docteur
Véron :

« Chemins de fer, crédit mobilier, fermes modèles,
haute industrie; il met la main sur toutes ces importantes entreprises pour les aider de ses conseils, de l'autorité de son nom et de son crédit. »

Nous avons vu l'homme à l'œuvre et nous savons s'il
s'est laissé arrêter par les scrupules. C'est bien lui véritablement qui fit aboutir le coup d'État par sa résolution d'aller jusqu'au bout, coûte que coûte, et en em-
ployant les plus terribles moyens. Il jouait sa fortune et
son avenir, comme Bonaparte jouait le sien, et ce fut
presque de sa part une bataille personnelle. « Il accepta,
dit M. Granier de Cassagnac, avec une sorte de gaieté et
de courageux empressement, cette redoutable responsabilité (1). »

1. Un des apologistes du coup d'Etat, M. de La Guéronnière, n'a
trouvé pour justifier les événements de 1851 que la phrase sui-

Autour de M. de Morny, les autres figures deviennent pâles. Ce sont des comparses mis en lumière un jour et devenus célèbres parce qu'on les a fait brusquement sortir de l'ombre où ils auraient végété. Tous, d'ailleurs, étaient ambitieux et également besogneux. Car c'est là un des côtés caractéristiques du coup d'État de 1851, que tous ceux qui y ont coopéré ont vu là une affaire. Et chacun sait qu'ils ont été habiles à l'exploiter.

vante : « L'histoire a besoin de se recueillir longtemps avant de juger de tels événements. Ce n'est qu'en les voyant à distance qu'elle peut les voir dans leur vérité. »

LE RÔLE DE L'ARMÉE

Le 18 Brumaire se termina à Saint-Cloud, le jour même. Il n'eut pas de suite, aucune résistance ne s'étant manifestée. Nous avons vu cependant que, au cas où la troupe eût hésité à marcher, Bonaparte avait une réserve gorgée d'eau-de-vie qui devait sabrer et mitrailler les députés de la nation.

Le 2 Décembre a semblé réussir aussi, sans presque effusion de sang, le premier jour. Mais le 3, la résistance s'organisant, de Morny comprit, au milieu de son entourage un peu désorienté, qu'il fallait frapper un grand coup et il ordonna les massacres du 4. C'est là ce qui sauva, en réalité, Louis Bonaparte et ses complices, et c'est là aussi ce qui rend plus odieux le coup d'État d'où est sorti l'Empire.

Les suites du 18 Brumaire et celles du 2 Décembre furent les mêmes : la proscription, la transportation. Malheureusement c'est la République qui, dans les deux cas, s'était la première servie de ce moyen. « Comme ce qui fut le plus révoltant dans le coup d'État, la transportation, avait été inauguré par la République, le peuple n'éprouva pas contre cet abominable procédé l'indignation qu'il eût ressentie s'il n'y avait pas été déjà façonné. » (E. Olivier, 19 janvier.)

La transportation qui suivit le 2 Décembre fut particulièrement terrible : « Cette mesure, dit Granier de Cassagnac, fut le complément légitime de la répression. Elle délivra Paris et la France du personnel exalté des clubs et des conspirations... Vingt-six mille cinq cents clubistes purent être ainsi successivement transportés ou chassés. »

Enfin, la dernière remarque que nous ayons à faire à propos des coups d'État, c'est qu'ils ont été faits avec l'armée et par l'armée (1). Le coup d'État de Charles X avait relégué l'armée au second plan, et lorsqu'on voulut s'en servir, elle n'était ni préparée au rôle qu'on voulait lui faire jouer, ni assez nombreuse dans Paris pour lutter avec succès contre un soulèvement général.

A propos de l'intervention de l'armée au 2 Décembre, M. Scherer écrivait dans *le Temps*, il y a quelques années :

« Prenons le 2 Décembre, tel qu'il se présente dans les apologies de ses plus chauds admirateurs. Admettons le droit d'un magistrat « de sortir de la légalité pour rentrer dans le droit ». Supposons que la France ait été sauvée par le 2 Décembre et qu'elle n'ait pas été sauvée autrement ; il n'en est pas moins vrai que le salut a été opéré par la force. Le coup d'Etat est une révolution militaire. Si le président n'avait pas eu l'armée dans sa main, s'il n'avait pas eu sur elle l'autorité absolue

---

1. « La force est appelée à servir le droit ; lorsqu'elle veut être elle-même le droit, elle est une révolte contre le droit. » (Blunschli.)

qu'implique chez nous le pouvoir exécutif, et dont la discipline fait une religion, le coup d'Etat n'aurait pas été possible. Mais, s'il a été possible, toute tentative du même genre le serait également, pourvu qu'elle fût faite avec les mêmes ressources. L'entreprise n'a pas réussi, parce qu'elle était généreuse ou patriotique ; elle n'a pas réussi, parce qu'elle devait sauver la France ; elle a réussi, parce qu'elle était appuyée de 60,000 hommes et parce qu'au premier signe de résistance, M. de Morny, selon sa propre expression, a su envahir la ville par la terreur. Fait immense ! La France, avec son système militaire, est au pouvoir de celui qui tient la force armée entre ses mains. »

Nous en avons fini avec cette étude des caractères des coups d'Etat, accomplis ou tentés, depuis la Révolution. On a pu se rendre compte que la méthode de préparation, les procédés employés et les moyens utilisés sont restés à travers les siècles identiquement les mêmes. C'est au peuple, plus instruit, à tirer de l'histoire les enseignements qu'elle contient et à faire en sorte que les coups d'Etat soient impossibles dans l'avenir.

LE DEVOIR DE LA DÉMOCRATIE

LE DEVOIR DE LA DÉMOCRATIE

La République, en France, a pour base la déclaration des Droits de l'Homme et du Citoyen, proclamés par la Révolution. La devise Liberté, Égalité, Fraternité est inscrite sur tous les murs et en tête de tous les actes. La domination de l'homme sur l'homme n'existe plus, au moins en droit, si elle se manifeste encore dans la réalité des faits ; le travail est libre ; le pouvoir n'inter-vient que pour sauvegarder l'ensemble de l'association, et son action est limitée par la Constitution et les lois ; l'égalité devant la loi est appliquée, au moins en appa-rence.

Le suffrage universel, résumé dans l'article 17 de la

Constitution de 1848 : « la souveraineté réside dans l'universalité des citoyens », est la base de l'État, et le suffrage universel, et la République sont indivisibles : « L'un est la raison humaine se manifestant dans sa plénitude et dans sa liberté, l'autre en est l'application logique. »

Théoriquement donc, la Démocratie française peut considérer qu'elle a obtenu la réalisation de la plus grande partie de son programme. Elle est arrivée à un certain idéal de gouvernement, et elle n'a plus qu'à le perfectionner. Mais les conquêtes obtenues sont-elles solides ? N'y a-t-il aucune chance de voir un brusque recul ? Peut-on, enfin, sans craindre d'être attaqué en arrière, marcher de l'avant ?

Voilà ce qu'il nous reste à étudier, et voilà pourquoi nous avons écrit ce petit livre.

La République doit trouver tout d'abord sa garantie dans la liberté individuelle ; cette liberté de l'individu doit être supérieure à toute autre autorité et doit servir de limite à la puissance du pouvoir législatif comme à celle du pouvoir exécutif. « Le but de toute association, dit l'article 36 de la Déclaration des Droits de l'Homme, est la conservation des droits naturels et imprescriptibles de l'homme ; ces droits sont la propriété, la sûreté et la résistance à l'oppression. » Il est évident que l'association, c'est-à-dire l'État, est instituée pour sauvegarder la liberté de l'individu et non pour l'opprimer ; mais si l'individu s'en remet absolument et complétement au gouvernement du soin de sa sécurité, il en résulte que celui qui aura l'audace ou l'habileté de renverser le gouvernement et d'installer son autorité propre sera le maître, et le citoyen devra recourir à une nouvelle révolution pour reprendre possession de ses droits (1).

Et il ne suffit pas de rendre, par l'extension de la liberté individuelle et en désarmant le pouvoir exécutif, impossible une usurpation de ce pouvoir, il faut encore que la représentation nationale, issue du suffrage universel, comme la Chambre des députés, ou du suffrage à deux degrés, comme le Sénat, ne puisse s'attribuer un mandat qu'elle n'a pas et faire en quelque sorte un coup d'Etat parlementaire.

Jefferson a fait inscrire dans la Constitution des Etats-Unis cet amendement : « Le Congrès ne pourra faire au-« cune loi pour établir une religion ou en interdire le « libre exercice ; restreindre la liberté de la parole et de « la presse, ou porter atteinte au droit qu'a le peuple de « s'assembler paisiblement et d'adresser au gouverne-« ment des pétitions pour le redressement des griefs. »

1. Robespierre, disc. s. du 10 mai 1793 : « Fuyez la manie ancienne des gouvernements de vouloir trop gouverner ; laissez aux individus, laissez aux familles le droit de faire ce qui ne nuit point à autrui ; laissez aux communes le pouvoir de régler elles-mêmes leurs propres affaires en tout ce qui ne tient pas essentiellement à l'administration générale de la République ; en un mot, rendez à la liberté individuelle tout ce qui n'appartient pas naturellement à l'autorité publique, et vous aurez laissé d'autant moins de prise à l'ambition et à l'arbitraire..... Jusqu'ici l'art de gouverner n'a été que l'art de dépouiller et d'asservir le grand nombre au profit du petit nombre, et la législation le moyen de réduire ces attentats en système : les rois et les aristocrates ont très bien fait leur métier ; c'est à vous maintenant de faire le vôtre, c'est-à-dire de rendre les hommes heureux et libres par les lois. »

Il faudrait qu'il y eût dans notre Constitution un article semblable interdisant aux Assemblées de faire des lois ayant pour résultat de porter indirectement les mains sur une liberté.

« La nature, dit Jefferson, ne donne à aucun homme le droit d'empiéter sur les droits d'un autre homme, égaux en tout aux siens ; et une semblable agression est tout ce que les lois doivent lui interdire ; chacun est dans l'obligation naturelle de contribuer aux besoins de la société et c'est tout ce que les lois peuvent exiger de lui ; enfin, comme la nature ne donne à aucun homme le droit de se faire juge d'un différend qu'il a avec un autre, c'est naturellement un devoir pour lui de se soumettre à l'arbitrage du tiers impartial. Quand les lois ont déclaré tout cela et qu'elles en ont assuré l'exécution, elles ont rempli leur objet, et il n'y a rien de moins fondé que l'idée qu'en entrant en société, nous ayons renoncé à aucun de nos droits naturels. »

Si l'on réduisait toutes les lois aux limites tracées par ces principes, on diminuerait beaucoup le travail de nos législateurs et l'on allégerait en même temps la masse de nos Codes.

Dans son discours du 10 mai 1793, Robespierre disait : « Donner au gouvernement la force nécessaire pour que les citoyens respectent toujours les droits des citoyens et faire en sorte que le gouvernement ne puisse jamais les violer lui-même, voilà, à mon avis, le double problème que le législateur doit chercher à résoudre. »

La Constitution républicaine de la France sera donc complète le jour où figurera en tête un article rédigé dans le sens de celui de Jefferson, interdisant aux mandataires de jamais porter la main sur aucune liberté (1).

*
* *

Si on a bien observé les faits, on a vu que la condition essentielle de réussite pour les faiseurs de coups d'Etat a été de pouvoir se servir de l'armée.

Dans l'état actuel de l'Europe, les nations sont obligées de tenir sur pied des forces considérables. La République Française depuis 1871 est particulièrement tenue d'être toujours prête à résister à une attaque extérieure. Une armée aussi formidable présente, vis-à-vis la liberté des citoyens, un danger par son nombre, par son organisation, par sa discipline et aussi par les tendan-

---

1. « La liberté de l'un empêche celle de l'autre ; et aussi longtemps qu'ils seront tous égaux, personne ne voudra céder à qui que ce soit, sinon d'un consentement général. C'est là le fondement de tous les gouvernements justes et équitables, de quelque nature qu'ils soient ; car la violence ou la fraude ne peuvent établir aucun droit légitime. Des hommes en petit nombre, vivant dans l'enceinte d'une même ville, ont, pour ainsi dire, mis en commun le droit qu'ils avaient de se gouverner eux-mêmes et leurs enfants, et s'étant joints en un même corps, ont résolu d'exercer tous ensemble sur chaque particulier un pouvoir qui paraît utile à toute société. C'est ce qu'on a appelé une parfaite démocratie. D'autres ont préféré le gouvernement d'un certain nombre de ceux de parmi eux qui leur ont paru se distinguer par leur sagesse et par leur vertu, et c'est ce qu'on a appelé aristocratie. D'autres enfin, voyant que l'un d'entre eux excellait de beaucoup dans toutes les qualités requises pour bien gouverner, l'ont choisi pour leur chef ; et c'est ce qu'on a nommé monarchie » (A. Sidney.)

ces des hommes qui peuvent se trouver, à un moment donné, à sa tête.

En 1850, Michel (de Bourges), répondant à un orateur qui faisait appel à l'armée, disait : « Vous dites souvent, trop souvent, permettez-moi de le dire : cette société sera sauvée par l'armée. Je ne sais si je me trompe, mais je plains mon pays s'il est sauvé par l'armée. Car l'armée c'est l'épée, et l'épée ! Si c'est Cromwell, vous avez un protecteur, si c'est Monck, vous avez Henri V, si c'est Napoléon Bonaparte, l'homme du 18 Brumaire, vous avez l'Empire ; si c'est Othon, Vitellius et Galba, vous avez le Bas-Empire. » Mayer, un des écrivains qui ont fait l'apologie du 2 Décembre, a écrit : « L'état-major ne comptait plus que des généraux décidés à passer le Rubicon ou à mourir. Ce qui a fait la discipline de notre armée et par conséquent sa gloire, c'est qu'en dépit de la civilisation, des journaux et des livres, elle n'a jamais eu des idées, mais des instincts : elle aime ou elle hait carrément, complétement, jusqu'à la mort et jusqu'à la frénésie, mais sans calcul, sans restriction et surtout sans phrases, l'Empire l'a bien prouvé. »

Heureusement, si l'armée actuelle est considérable, son organisation s'est modifiée (1). Elle est forte pour la défense extérieure et se laisserait difficilement mêler à des

----

1. « Quand l'autorité se dissout elle-même, quand le gouvernement perd la tête et se désorganise, il peut arriver, comme en 1848, que les soldats lèvent la crosse en l'air. Mais toutes les fois que le gouvernement ne s'abandonne pas lui-même, l'armée ne lui manque pas ; c'est duperie en France que d'espérer le contraire. » (A. Ranc, *Gracchus Babœuf.*)

querelles intérieures. Aujourd'hui le recrutement n'est plus une espèce de sélection dans la nation. Tous les citoyens étant soldats et égaux devant la loi militaire, l'armée devient pour ainsi dire peuple et n'est plus un corps à part. Les chefs n'obtiennent leurs grades qu'à force de travail et de capacité. La presse les surveille et tous s'intéressent à ce qui se passe dans les régiments, parce que tous y ont des enfants, des parents ou des amis. Un seul homme, il est vrai, commande l'armée, le ministre de la guerre, mais cet homme est un isolé dans le gouvernement. Il fait partie d'un ministère, mais ne tient ni l'intérieur, ni les autres administrations. Il ne pourrait servir qu'à aider un prétendant en lui apportant au moment utile la force dont il dispose. Et encore cette force est bien aléatoire et il ne faudra plus compter sur elle le jour où la loi qui règle définitivement le recrutement militaire sera votée et que l'égalité devant la loi, devenue réelle, aura fait de l'armée, non une force à part, mais ce qu'on pourra appeler « la Nation Armée ».

Au point de vue de la sécurité intérieure, l'Etat est le maître de la police. Là encore il y a à rendre à l'organisation municipale, communale, ce qui doit lui revenir de droit (1). C'est sous les ordres du maire, responsable du

_____

1. « L'ordre ne consiste pas à consacrer par la force ce qui tombe naturellement, mais à faciliter le développement de ce qui naît dans de bonnes conditions de vitalité ; non à maintenir immobile la société dans l'univers en mouvement, mais à ne point s'opposer follement aux lois générales qui par des métamorphoses fatales l'entraînent dans la voie de la perfectibilité.

« Quant à la sécurité individuelle, elle ne dépend point évidem-

bon ordre dans la cité, que doivent fonctionner les agents de la paix et de la sécurité publiques. Autrement, en cas de tentative, il peut toujours se trouver un Fouché ou un de Maupas à la tête d'une force armée relativement dangereuse.

*
* *

Enfin, la République, sans revenir à la loi des suspects, doit toujours être sur ses gardes. Amyot dit : « Quand les grands pratiquent ensemble, le public a occasion de craindre. » Nous sommes encore trop près des dernières royautés ou du dernier empire pour ne pas nous considérer comme traversant une période de transition. Tant qu'il restera des membres des familles ayant régné sur la France, se considérant comme issues de races destinées à régner encore, et susceptibles, par suite, de réunir autour d'eux les ambitieux et les intrigants en disponibilité, nous devons être attentifs et impitoyables au besoin.

L'expulsion qui frappe ces hommes en pareil cas est un attentat à la liberté individuelle. C'est vrai ! Mais il s'agit dans l'espèce de sauvegarder la liberté de tous qui peut être supprimée d'un moment à l'autre. La menace est permanente et dès qu'il y a conspiration, l'État, qui a la garde de la République, ne peut hésiter. S'il hésitait, c'est que l'heure des prétendants serait proche.

ment de l'autorité monarchique, mais de la division réelle du pouvoir. » (Emm. Lemoyne.)

Nul n'a le droit de se mettre à part de ses concitoyens et au-dessus des lois : or, par leur attitude, par leur entourage, par les espérances malsaines qu'ils font surgir autour d'eux, par les manœuvres auxquelles ils prennent une part plus ou moins directe, les princes sont un danger pour la République, et suspendre à leur égard le droit en dehors duquel ils se mettent eux-mêmes n'est pas le violer.

Le devoir de la Démocratie est désormais bien facile à établir.

La République doit être à l'abri des coups d'État parlementaires, c'est-à-dire qu'il faut empêcher qu'une majorité puisse, à un moment donné et en quelque sorte par surprise, modifier la forme ou le nom du gouvernement : il n'y a à cela, comme remède, que la liberté individuelle et l'inscription dans la Constitution d'une disposition semblable à celle de la Constitution américaine, qui défende aux Chambres de porter la main sur aucune des libertés, aussi bien sur la liberté de conscience que sur les libertés de la presse, de la parole, ou de réunion.

La République doit être à l'abri des coups d'État militaires. Pour cela, il n'est besoin que de continuer vis-à-vis de l'armée l'œuvre commencée : faire que toute la nation participe au service militaire, au même titre et sur le même pied d'égalité. De cette façon, la force ne pourra être à la disposition d'un seul homme, et un ministre de la guerre, eût-il été assez habile pour conquérir une popularité exceptionnelle, ne pourra s'en faire obéir lorsqu'il voudra s'en servir contre la loi. Chaque jour un pas nouveau est fait dans cette voie. L'armée se démocratise, parce qu'elle comprend de plus en plus l'universalité des citoyens. Lorsqu'après le 16 mai 1877, un ministère essaya d'organiser un coup d'État militaire, après avoir voulu, en dissolvant la Chambre, tenter un coup d'État parlementaire qui n'avait pas réussi, il dut s'arrêter dès les premiers pas, car il comprit, à des signes certains, que l'armée n'était pas disposée à marcher à l'aveuglette et à obéir sans discuter. La tentative ne fut pas poussée plus loin, parce qu'on vit bien que l'avortement était au bout.

La réussite serait encore plus difficile aujourd'hui, et, demain, elle le sera encore davantage lorsqu'une loi définitive sur l'organisation de l'armée aura institué l'égalité devant le service de la Patrie.

Quant à la police, qui en réalité n'est une force qu'à Paris, il est à espérer que bientôt la loi préparée sur l'organisation de la capitale mettra sous la direction même du maire la police municipale chargée du maintien de l'ordre.

La République doit être à l'abri des menaces ou des intrigues des prétendants. Pour cela, elle ne doit pas se départir de son droit incontestable de haute surveillance vis-à-vis des hommes que leur naissance et leurs prétentions mettent hors du droit commun. C'est en quelque sorte une mesure transitoire et une suspension des droits de quelques individus. Elle est justifiée, étant donnés la jeunesse de la République et les agissements des gens auxquels elle s'applique.

La meilleure sauvegarde de la République sera, en dernière analyse, en elle-même, dans sa Constitution propre, dans sa sagesse, dans sa marche progressive vers la solution des problèmes politiques, économiques et sociaux, qui sont posés devant elle. A chaque jour suffit sa peine, et certes nous ne sommes point de ceux qui trouvent que nous avons marqué le pas depuis 1871. Non, nous n'avons pas perdu de temps ; de grands pas ont été faits dans le sens de la liberté et de l'émancipation individuelle, de même qu'il a été fait énormément pour l'instruction. Mais il ne faut jamais s'arrêter et il ne faut surtout jamais désespérer. Il peut y avoir des surprises et des mécomptes dans le résultat. Le pays peut envoyer pour le représenter des hommes qui n'aient ni orientation, ni idées ; tout cela est passager. « Le progrès, dit Michelet, n'est point une ligne droite et suivie, c'est une ligne en spirale qui a des courbes, des retours énormes sur elle-même, des interruptions si fortes qu'il ne recommence que lentement et avec peine. » « C'est seulement en masse, écrit Buckner, que l'on peut dire aussi bien dans la nature que dans l'histoire, que le progrès est constant et général, mais dans le détail il se produit souvent de grands reculs. »

C'est donc au travail patient qu'il faut demander les solutions de l'avenir. Souvent l'impuissance d'une Assemblée provient précisément d'une ardeur trop hâtive à vouloir trancher de prime-saut les questions qui ne sont pas mûrement étudiées. Le mandat des représentants gagnerait à être limité à quelques points précis qui suffiraient à occuper l'activité d'une législature. L'expérience amènera d'elle-même les solutions, et ce serait sortir de notre cadre que de nous y attarder plus longtemps.

Nous terminerons simplement par un vœu.

Nous voudrions voir gravée sur le portefeuille de chacun des ministres, et dans l'esprit de chacun des mandataires du peuple, cette phrase de Jefferson qui, pour nous, contient toute la philosophie du droit républicain : « Les gouvernements sont républicains en proportion seulement de leur aptitude à s'identifier avec la volonté du peuple et de leur fidélité à l'accomplir. »

TABLE